L'HISTOIRE ET LA MÉMOIRE DE L'HISTOIRE

Bibliothèque Albin Michel
Idées

Sous la direction
de Sylvie Anne Goldberg

L'HISTOIRE
ET LA MÉMOIRE
DE L'HISTOIRE

Hommage à Yosef Hayim Yerushalmi

*Ouvrage publié avec le soutien de la Fondation pour la Mémoire
de la Shoah et de la Fondation du Judaïsme Français*

Albin Michel

Collection «Albin Michel Idées»
dirigée par Hélène Monsacré

Introduction

Le dimanche 3 avril 2011 le Musée d'Art et d'Histoire du Judaïsme de Paris a accueilli une rencontre d'hommage tenue à la mémoire de l'historien américain Yosef Hayim Yerushalmi, disparu en décembre 2009[1]. Professeur d'histoire juive aux Universités de Harvard et Columbia, Yerushalmi a formé un vivier d'étudiants devenus à leur tour des fleurons de la recherche en histoire juive. L'influence exercée par son œuvre dépasse néanmoins la simple transmission d'un maître, aussi charismatique fût-il, à ses étudiants. Après s'être affirmé en spécialiste incontesté du monde séfarade européen, Yerushalmi a amorcé un vaste examen du rôle de l'histoire dans les sociétés modernes, en s'interrogeant sur ses relations avec la mémoire collective. S'étonnant du fait que les Juifs, après avoir en quelque sorte «inventé» le sens de l'histoire, en aient délaissé l'écriture pour se cantonner à sa perpétuelle réactualisation, il a

---

[1]. Cette journée est intégralement retransmise sur le site Akadem, le campus numérique juif : http://www.akadem.org/sommaire/colloques/hommage-a-yosef-hayim-yerushalmi

dégagé un terrain, tant labouré depuis lors, qu'on en oublie parfois qu'il fallût d'abord le défricher.

Yerushalmi a acquis une notoriété internationale avec la publication d'un petit ouvrage, dont il n'imaginait pas le succès et la postérité : *Zakhor. Histoire juive et mémoire juive*. Situé entre l'irruption des «lieux de mémoire» et l'émergence des travaux sur la Shoah sur la scène de l'histoire, ce livre a bénéficié d'un accueil sans précédent pour un ouvrage d'érudition traitant d'histoire juive. Car, comme l'a souligné Carlo Ginzburg, la conclusion à laquelle Yerushalmi a abouti «ne renvoie manifeste-ment pas à la seule tradition juive. Dans toute culture, la mémoire collective, transmise par des rites, des cérémo-nies et autres événements semblables, renforce une forme de lien avec le passé qui n'implique aucune conscience active de la distance qui nous en sépare[1]». La simple réso-nance de l'ouvrage dans de larges milieux intellectuels se lit également sous la plume de Paul Ricœur : «Le livre de Yerushalmi a la vertu, dont témoigne bien des œuvres issues de penseurs juifs, de donner accès à un problème universel à la faveur de l'exception que constitue la singu-larité de l'existence juive[2].» Que Yerushalmi n'ait jamais pensé la «singularité» de l'existence juive comme étant plus «singulière» que celle des autres peuples demeure cependant l'un des aspects qui domine l'ensemble de son

---

1. Carlo Ginzburg, 2001, *À distance. Neuf essais sur le point de vue en histoire*, p. 149.
2. Paul Ricœur, 2000, *La Mémoire, l'histoire, l'oubli*, p. 517-518.

œuvre, comme le démontrent d'ailleurs les contributions de ce volume.

Délibérément européen, cet hommage, qui a été rendu à Paris, a réuni quelques-uns de ses anciens étudiants, de ses collègues et de ses amis, afin d'évoquer sa personne et ses travaux avec ceux qui l'avaient connu directement ou croisé dans leur recherche. La journée, ouverte par Laurence Sigal et Jean-Pierre Dozon, a été introduite par quelques minutes de retransmission de l'une des conférences de Yerushalmi[1]. Elle s'est ensuite déroulée en trois temps: une première session, dirigée par Maurice Kriegel, a éclairé le «champ» de ses recherches; une deuxième, présidée par Dominique Bourel, s'est intéressée aux réceptions de son œuvre; puis une table ronde, réunissant Michael Molnar, Annette Wieviorka et Pierre Nora, animée par Nicolas Weill, a permis de revenir sur ces rencontres intellectuelles. Au terme de ces débats, un film monté à partir des conférences que Yerushalmi a prononcées à l'École des Hautes Études en Sciences Sociales à Paris a rappelé la présence et la force de sa pensée. Enfin, Ophra Yerushalmi, son épouse, a conclu la journée avec émotion.

L'importance du choc provoqué par la lecture de l'œuvre de Yerushalmi est décrite par Yosef Kaplan et Anna Foa. Tous deux éclairent la manière dont les livres et les essais de Yerushalmi ont su déborder le cadre de leurs thèmes pour retentir jusque dans leurs visions de la modernité et dans leurs approches de l'identité juive

---

1. Merci à Michèle Loncol qui en a assuré le montage.

contemporaine. Marina Rustow et Michael Brenner, deux de ses anciens étudiants, dressent, chacun à sa manière, un portrait sensible de la figure charismatique du professeur et du maître qu'il a été. Marina Rustow, qui appartient à la dernière génération de ses doctorants, expose la façon intuitive utilisée par Yerushalmi pour déployer une idée, tandis que Michael Brenner éclaire la relation complexe qu'il a entretenue avec l'Allemagne. Maurice Kriegel et Nicolas Weill discutent plus précisément le sens du « mythe de l'Alliance royale » élaboré par Yerushalmi en l'ancrant, comme le fait également Marina Rustow, dans le contexte de la polémique soulevée par les écrits de Hannah Arendt après le procès Eichmann. Maurice Kriegel saisit l'occasion pour retracer une généalogie intellectuelle de Yerushalmi entre Yitzhak Baer et Salo W. Baron, et Nicolas Weill compare les positions respectives de Arendt et Yerushalmi à l'égard de l'État moderne.

Nathan Wachtel, tout comme Yosef Kaplan, analyse avec acuité les perspectives ouvertes par l'œuvre de Yerushalmi à la lueur de ses propres travaux sur le marranisme, et tous deux rappellent combien ses idées résonnent avec le contexte plus récent des tragiques événements du XXe siècle. C'est d'ailleurs en partant de cette évidence que mon texte s'interroge sur l'absence de tout propos explicite sur la Shoah dans la réflexion sur l'histoire qu'il a menée dans *Zakhor*. Nancy L. Green, qui eut le privilège et la tâche de l'organisation pratique des premières conférences de Yerushalmi à l'École des Hautes Études en Sciences Sociales, décrit avec humour ce qu'elle appelle le « moment Yerushalmi ». Coïncidant avec la vogue – ou la renaissance – qu'ont connue les Études juives en France à la fin des années 1980, elle se demande si ce «moment» peut valoir pour preuve d'échange et de migration des idées. Éric Vigne, son éditeur, évoque avec tendresse sa découverte de *Zakhor*, et comment l'importation de Yerushalmi auprès du lectorat français a donné naissance à un lien profond. Dominique Bourel, quant à lui, met en parallèle les œuvres de Yerushalmi et de Kayserling, pour mieux montrer sa maîtrise de l'histoire juive, tant séfarade qu'achkénaze. Le texte de Michael Molnar relate l'épisode cocasse de l'échange intellectuel qui jaillit lors de la rencontre de Yerushalmi et Derrida à l'occasion d'un colloque organisé au Musée Freud à Londres, ainsi que les débats, par publications interposées, qui s'ensuivirent. Enfin la postface de Pierre Nora décrit la découverte mutuelle des deux grands historiens de la mémoire collective et l'amitié qui en naquit.

Chacune des contributions réunies dans ce volume propose une approche aussi vivante que personnelle des thèmes de recherche ouverts par Yerushalmi. Si elles retracent la réception dont son travail a fait l'objet en Europe et aux États-Unis dans les milieux les plus divers, elles apportent en outre un éclairage original sur les travaux que chacun de ces contributeurs mène dans le sillage ou dans la critique des perspectives qu'il a esquissées.

La parution simultanée de cet hommage et du volume de ses entretiens, *Transmettre l'histoire juive*, offre ainsi un double accès tant à la pensée qu'à l'œuvre et à la personnalité de Yosef Hayim Yerushalmi. Avec, d'un côté, sa parole directe, sa vision de son parcours intellectuel et, de l'autre, la présentation des répercussions à plus long terme de sa pensée, le lecteur dispose d'un ensemble qui lui permet d'aborder à nouveaux frais l'entreprise d'un historien qui a profondément marqué le XXe siècle.

L'organisation, toujours difficile, d'un tel événement a bénéficié de nombreux soutiens, amicaux, logistiques et financiers et il m'est un devoir agréable de remercier ici : le Musée d'Art et d'Histoire du Judaïsme et sa directrice d'alors, Laurence Sigal, ainsi que Corinne Bacharach ; l'École des Hautes Études en Sciences Sociales et son ancien président François Weill ; la Fondation de la Maison des Sciences de l'Homme, Michel Wieviorka et Jean-Pierre Dozon ; le Centre de Recherche Historique et son équipe, Christophe Duhamelle, Isabelle Backouche, Judith Lyon-Caen et Danièle Lecrasmeur ; la Fondation du Judaïsme français, en la personne de Nathalie Serfaty ; la Fondation pour la Mémoire de la Shoah, et le soutien d'Isabelle de Castelbajac. Esther et René Ohana ont généreusement partagé les films des conférences de Yerushalmi, qui appartiennent à leurs archives personnelles. Enfin, toujours, les Éditions Albin Michel qui ont voulu et œuvré à la réalisation de cette double publication[1].

S.A.G.

---

1. Voir Yosef Hayim YERUSHALMI, *Transmettre l'histoire juive. Entretiens avec Sylvie Anne Goldberg*, Paris, Albin Michel, coll. « Itinéraires du savoir », 2012.

I.

UN CHAMP POUR YERUSHALMI

1.

Historien des marranes, interprète de la modernité juive

Yosef Kaplan

C'est pendant l'été 1971, à Jérusalem, quelques semaines à peine après sa publication à New York, que j'ai lu le premier ouvrage de Yosef Hayim Yerushalmi : sa monographie monumentale sur Isaac (Fernando) Cardoso[1]. Je connaissais déjà l'œuvre de Cardoso que j'avais découverte lors de mes études à l'Université hébraïque, notamment dans la collection Friedenwald de la Bibliothèque nationale à Jérusalem où je dévorais tous les écrits de Cardoso que j'y trouvais. Un an auparavant, j'avais traduit en hébreu une partie de l'apologie qu'il avait publiée à Amsterdam en 1679 : « *Las Excelencias de los Hebreos* » (Les excellences des Hébreux)[2]. Cette lecture du livre *De la Cour d'Espagne au ghetto italien* fut pour moi un événement fondateur. Je dois l'avouer : j'étais jaloux de ce jeune historien d'Harvard que je ne connaissais pas encore et qui avait écrit le livre que je rêvais d'écrire

---

1. Y.H.Y. (1971), 1987, *De la Cour d'Espagne*.

2. Yitshac CARDOSO, 1679 ; voir la traduction en hébreu de quelques chapitres de ce livre, avec une introduction et des notes, dans Y. KAPLAN, 1971.

moi-même. Yerushalmi avait rédigé un vrai chef-d'œuvre et, d'une main de maître, il avait fait tomber les clôtures artificielles que les historiens avaient l'habitude d'ériger entre l'histoire juive et l'histoire universelle. Ce livre m'enthousiasma complètement. Tout ce que je recherchais dans ce domaine où je faisais mes premiers pas s'y trouvait : une connaissance extraordinaire de l'histoire juive en Espagne, un savoir immense dans le domaine de l'histoire et de la pensée des débuts de l'époque moderne, des observations brillantes sur l'influence des cultures espagnole et portugaise sur la pensée et la littérature juives et, surtout, une lecture intelligente de sources complexes, ainsi que des formulations percutantes et pleines de justesse, écrites dans la plus belle prose.

Avec une érudition extraordinaire, Yosef Hayim Yerushalmi a analysé l'histoire des marranes et de l'expulsion des Juifs d'Espagne, dans le contexte plus général de la crise de conscience européenne qui marqua le début de l'époque moderne. De prime abord, *De la Cour d'Espagne au ghetto italien* semble s'intéresser à la vie et à l'œuvre d'un seul marrane ; en réalité, il présente tout un monde. Yerushalmi raconte le destin de l'ensemble des marranes, en distinguant judicieusement entre les situations espagnole et portugaise, et en tenant compte des évolutions entre les époques successives. À l'instar de nombreux marranes du XVIIᵉ siècle qui partirent s'installer à Venise, à Amsterdam, à Izmir, et dans bien d'autres lieux où ils pouvaient vivre leur judaïsme au grand jour, Fernando Cardoso émigra à Vérone, changea d'identité religieuse et devint Isaac Cardoso. Loin d'avoir recours aux réponses toutes faites, Yerushalmi analyse la complexité de cette dualité avec beaucoup d'ingéniosité. Ainsi, il essaie de révéler l'«Isaac» enfoui dans la conscience du nouveau chrétien, tout en s'efforçant de retrouver les traces de «Fernando» dans le monde complexe d'Isaac le nouveau Juif.

Yerushalmi montre bien comment les marranes, désireux d'apprendre les coutumes et les rituels juifs, ont déjoué la censure de l'Inquisition et se sont penchés précisément sur les grands textes chrétiens, notamment les textes polémiques contre les Juifs, dont ils faisaient une lecture subversive. Naturellement, l'étude de ces textes menait parfois à une intériorisation de l'attitude chrétienne critique du judaïsme, comme ce fut le cas pour Uriel da Costa qui, revenu au judaïsme, refusa d'appliquer l'autorité de la *Halakha*[1].

Bien d'autres marranes absorbèrent les arguments de la critique chrétienne du Talmud afin de s'attaquer au judaïsme normatif. Yerushalmi nous incite à imaginer le potentiel d'une lecture complexe et subversive de ces textes chrétiens par les nouveaux chrétiens, textes qui leur permirent non seulement de se renseigner sur le judaïsme, ses rites et ses coutumes, mais également d'adopter un regard extérieur sur l'héritage juif, le regard scrutateur de l'«autre», celui du chrétien qui s'attaque au judaïsme, et le rejette.

Dans cet ouvrage, Yerushalmi pressentait déjà que le moment était venu pour l'historien juif de cesser de rechercher une continuité dans l'histoire juive et, plutôt que de se concentrer sur la «chaîne de la tradition»,

---

1. Y.H.Y., 1998, «Connaissance du judaïsme», p. 235-254 [version originale en hébreu: Y.H.Y., 1972, p. 201-209].

d'analyser au contraire les scissions et les fractures dans l'existence du peuple juif au fil des générations.

Yosef Hayim Yerushalmi voyait dans la diaspora des Juifs d'Espagne un phénomène majeur de l'ampleur des crises affectant les Juifs à l'époque moderne. De gré ou de force, de très nombreux membres de la grande communauté juive, bien établie en Espagne, furent arrachés au judaïsme. Pourtant, cette conversion en masse d'individus rejoignant alors la culture majoritairement chrétienne n'offrait pas la garantie d'une assimilation sans heurts dans la société ibérique ; pour ceux qui, plus tard, souhaitaient revenir publiquement au judaïsme, cette conversion ne faisait que compliquer les choses. Ainsi Yerushalmi montre-t-il le parallélisme significatif entre les statuts de pureté de sang, utilisés au Portugal et en Espagne pour empêcher les marranes de participer à la vie sociale, et les réactions antisémites dans les pays d'Europe face à l'émancipation des Juifs, dès la Révolution française[1].

Dans son ouvrage édifiant sur le pogrom contre les nouveaux chrétiens à Lisbonne en 1506, Yerushalmi aborde la question qui hante de nombreux historiens : pourquoi ces marranes qui gardaient un lien avec le judaïsme n'ont-ils pas quitté ces lieux de persécution quand il en était encore temps[2] ? De l'avis de certains historiens, une majorité écrasante des nouveaux chrétiens avaient renoncé au judaïsme et se considéraient chrétiens à part entière.

---

1. Y.H.Y., 1998, «Assimilation et antisémitisme», p. 255-292 [version originale Y.H.Y., 1982 (1)].

2. Y.H.Y., 1998, «Le massacre de Lisbonne», p. 35-173 [version originale Y.H.Y., 1976].

Selon cette interprétation, l'Inquisition aurait prêté une judéité fictive à ces marranes afin d'éliminer cette communauté concurrente et détestée. Yerushalmi, qui n'était pas d'accord avec cette interprétation, proposait de voir dans la présence continue des marranes en Espagne et au Portugal un signe évident de leur foi dans le mythe du « roi gracieux » qui étendrait sa protection sur eux, comme les rois avaient l'habitude de le faire avec les minorités juives par le passé, durant tout le Moyen Âge[1].

Yerushalmi a également trouvé des ressemblances entre la crise existentielle du marrane et la situation du Juif moderne qui, après avoir quitté le ghetto et s'être émancipé, doit choisir entre se couper complètement de ses racines et rechercher une nouvelle forme d'identité juive. Ainsi, dans son entreprise historiographique, Yerushalmi a-t-il lui-même servi d'interprète original et captivant de la condition du Juif moderne. Depuis ses premières recherches sur les marranes en passant par ses observations sur Spinoza et Heine[2], et jusqu'à son dernier ouvrage dédié au *Moïse de Freud*, il s'est entêté à trouver le sens de la « judéité » de ces « Juifs psychologiques »[3]. Lui qui, dans sa jeunesse, était allé étudier l'histoire précisément pour mieux comprendre son propre héritage juif a été attiré par ceux pour qui la judéité avait été presque entièrement vidée de son contenu[4].

---

1. *Ibid.*, 1998, p. 80-115.
2. Y.H.Y., 1998, « Propos de Spinoza », p. 175-233 [version originale Y.H.Y., 1983] ; et Y.H.Y., 1998, « Assimilation... », p. 258-259.
3. Y.H.Y., 1993 (2) [version originale Y.H.Y., 1991].
4. S. VOLKOV et Y. KAPLAN, Y.H.Y., 2005, « Entretien avec le professeur Yosef Hayim Yerushalmi » (en hébreu).

Je n'ai pas eu la chance de suivre les cours de Yerushalmi. Je l'ai rencontré, néanmoins; et, pendant près de quarante ans, il fut pour moi une source constante d'inspiration. Je fis sa connaissance en 1971, alors qu'il était en visite en Israël. Je venais de terminer son livre sur Cardoso et j'étais encore sous le charme de son écriture. Je lui téléphonai à Haïfa pour lui demander de le rencontrer et je me mis en route, plein d'impatience. Les premiers instants de notre entrevue ne furent pas faciles. Yerushalmi me fit passer un véritable examen, voulant voir à qui il avait affaire et voulant évaluer mes connaissances. «Vous avez traduit le livre de Cardoso en hébreu?», me demanda-t-il d'un ton méfiant, comme s'il voulait bien me faire comprendre qu'une telle traduction, outre une certaine aptitude linguistique, exigeait également bien d'autres connaissances. «Et vous faites des recherches sur Isaac Orobio de Castro?», continua-t-il sur le même ton. «Ce n'est pas le projet le plus simple qui soit», conclut-il sévèrement, comme pour me mettre en garde et me faire comprendre que, pour une recherche historique sérieuse sur ce sujet, une véritable formation préalable dans de nombreux domaines s'imposait, formation que je n'avais pas vraiment. Mais après cet examen, que je passai, visiblement, avec un certain succès, nous entamâmes une conversation à bâtons rompus – nous fîmes même référence à Borges et Kafka –, dans laquelle fusèrent proverbes et expressions yiddish, lorsque nous nous rendîmes compte que notre intérêt pour le judaïsme séfarade n'avait pas éclipsé notre héritage culturel juif commun d'Europe de l'Est.

Bien d'autres conversations suivirent cette première rencontre, que ce soit à Jérusalem, à New York ou même à Curaçao, et je garde un souvenir extraordinaire de ces rencontres intellectuelles, parmi les plus marquantes de ma vie. Aussi, même si je n'ai pas suivi les cours de Yerushalmi, ce que je lui dois tient de ce qu'un élève doit à son maître. Pendant près de quarante ans, la rédaction de tous mes travaux s'accompagnait d'un dialogue ininterrompu avec lui, dialogue dans lequel je ne cessais d'apprendre. Durant mes années d'activité d'historien, je me posais toujours la même question : comment Yerushalmi allait-il réagir à tel article ou tel livre que je venais d'écrire, voire à telle conclusion à laquelle j'avais abouti ? C'est également au cours de quatre décennies de débats intellectuels avec Yerushalmi qu'ont vu le jour plusieurs de mes nouvelles problématiques, plusieurs de mes nouveaux axes de recherche ; de nombreuses idées, notées tout d'abord sur un bout de papier et prenant ensuite l'ampleur de toute une recherche, me venaient à la suite de la relecture de ses œuvres.

Voilà un exemple parmi tant d'autres. Lors d'une brillante conférence qu'il donna à l'Académie israélienne des sciences et des humanités en mai 1977, conférence qui fut ensuite publiée dans l'un des rares articles qu'il rédigea dans son très bel hébreu, Yerushalmi entreprit d'analyser l'affirmation avancée par Spinoza dans le troisième chapitre de son *Traité théologico-politique* : « Que la haine des nations soit très propre à la conservation des Juifs, c'est d'ailleurs ce qu'a montré l'expérience[1]. » Cet article a été magnifiquement traduit et inclus dans le livre *Sefardica* de

---

1. B. Spinoza, 1965, p. 82.

Yerushalmi, aux Éditions Chandeigne[1]. Pour Yerushalmi, ce n'était pas un hasard si Spinoza, « le premier qui attribua la survivance d'Israël parmi les nations à l'antisémitisme » et non à la Providence[2], avait des ascendances marranes. Dans une analyse édifiante, Yerushalmi met le doigt sur le lien évident entre l'affirmation radicale et argumentée de Spinoza et les revendications contre les statuts de pureté de sang dans la polémique qui animait alors la société ibérique et dont Spinoza avait connaissance. « Si seulement on permettait aux nouveaux chrétiens de vivre comme des gens normaux, ils s'assimileraient[3]. » Levez les barrières légales et les Juifs récemment convertis s'assimileront, affirmaient les ecclésiastiques et les penseurs espagnols et portugais. Spinoza, qui niait aux Juifs le statut de peuple élu ainsi que la Providence divine, donna une lecture laïque de l'histoire juive. Il parlait des Juifs comme il parlait des Chinois, et en cela il anticipait Voltaire qui proclamait, quelque cent ans plus tard, qu'il parlerait des Juifs comme il parlerait, dit-il, « des Scythes ou des Grecs[4] ». L'intuition extraordinaire de Yerushalmi lui soufflait que « l'extrait étudié ci-dessus et beaucoup d'autres passages du *Traité* exhalent la rancune et même le mépris de Spinoza à l'égard de ses anciens coreligionnaires qui l'ont anathémisé[5] ». En effet, la plupart des membres de la communauté portugaise d'Amsterdam étaient des immigrés, des réfugiés, qui se voyaient comme les victimes de la

---

1. Y.H.Y., 1998, « Propos de Spinoza ».
2. *Ibid.*, p. 185.
3. *Ibid.*, p. 198.
4. *Ibid.*, p. 184-185.
5. *Ibid.*, p. 190.

persécution inquisitoriale. Ils éprouvaient donc tout naturellement la fierté d'«avoir su préserver leur judaïsme dans la péninsule Ibérique malgré et non pas en raison de la haine des Gentils[1]». Voilà que Spinoza venait heurter le point le plus sensible de leur conscience : s'ils étaient restés Juifs, ce n'était pas en dépit de cette haine dont ils étaient les victimes, mais bien grâce à cette dernière.

Yerushalmi a brillamment analysé la présence de l'Espagne et de l'espagnol dans la bibliothèque de Spinoza. Il était convaincu qu'une lecture rigoureuse du *Traité théologico-politique* qui prendrait en compte les liens de Spinoza avec le monde espagnol donnerait des résultats très fructueux. Était-ce un hasard si «20 des 160 livres qui se trouvaient dans la bibliothèque de Spinoza, c'est-à-dire plus de 12 %, sont en espagnol, [...] [si] toutes les œuvres littéraires qu'il possédait étaient en espagnol [...] [et si] sur les neuf dictionnaires de langue que Spinoza possédait dans sa bibliothèque, trois sont entièrement en espagnol[2]», demande Yerushalmi, citant Miguel de Unamuno pour nous rappeler qu'un philosophe est avant tout *« un hombre de carne y hueso »* – un homme en chair et en os[3].

À la suite de cette remarque sur Spinoza, j'ai fait de mon mieux pour suivre les traces du Spinoza «en chair et en os» dans ma lecture de ses œuvres. Et ce n'était pas un hasard si, parmi les cent soixante livres choisis de sa bibliothèque (des ouvrages de philosophie, de sciences, de théologie et de littérature classique, pour la plupart), on

---

1. *Ibid.*, p. 191.
2. *Ibid.*, p. 217-218.
3. *Ibid.*, p. 181.

ne trouve qu'un seul ouvrage de lecture facile. le *Voyage d'Espagne, curieux, historique et politique* du Français Antoine de Brunel, retraçant son périple en Espagne[1]. Spinoza possédait l'édition de 1666, et nous pouvons en déduire qu'il avait fait l'acquisition de ce livre après son excommunication, c'est-à-dire après avoir quitté la communauté espagnole[2]. Le capitaine Miguel Pérez de Maltranilla, en visite à Amsterdam en 1658, rencontra le jeune Spinoza et rapporta à l'Inquisition espagnole à Madrid, un an plus tard, qu'il avait entendu le philosophe avouer *«que nunca havia visto a España y tenia deseo de berla»* – qu'il n'avait jamais visité l'Espagne et qu'il aurait aimé y aller[3]. Il n'est donc pas indifférent que plusieurs années après, Spinoza achète un livre en français décrivant un voyage en Espagne. Spinoza n'alla jamais en Espagne, mais sa curiosité fut en partie assouvie par les descriptions détaillées des lieux et des paysages espagnols données dans le livre d'Antoine de Brunel. De la même manière, il n'est pas fortuit que, dans le chapitre de son *Traité théologico-politique* dans lequel il aborde les rites juifs, «des rites extérieurs opposés à ceux des autres nations[4]», Spinoza mette précisément en exergue, comme il le dit lui-même, «le signe de la circoncision auquel ils [les Juifs] restent religieusement attachés». Un rite à propos duquel il souligne: «J'attribue aussi une telle valeur en cette affaire

---

1. Sur le livre de BRUNEL, voir B. et L. BENNASSAR, 1998, *Le Voyage en Espagne*, p. 1208.

2. Y.H.Y., 1998, «Propos de Spinoza», p. 216.

3. Le document inquisitorial a été publié par I. S. RÉVAH, 1959, *Spinoza et le Dr. Juan de Prado*, p. 68.

4. SPINOZA, 1965, p. 81.

au signe de la circoncision qu'à lui seul je le juge capable d'assurer à cette nation juive une existence éternelle[1]. »

Spinoza naquit dans une communauté pour qui la circoncision avait une signification symbolique toute particulière et pour qui elle devint le signe distinctif par excellence entre les marranes qui choisirent de s'intégrer à la communauté juive et ceux qui se détachèrent du judaïsme et optèrent pour l'assimilation. On peut déceler dans les mots de Spinoza sur la circoncision une note personnelle. Il ne fait aucun doute que Spinoza connaissait l'histoire d'Henrique Garces, marchand d'ascendance marrane. Arrivé à Amsterdam en 1605, il refusa de se faire circoncire et de devenir un membre officiel de la jeune communauté juive de cette ville dans le dessein de pouvoir se rendre à sa guise à Anvers d'où il poursuivait son commerce. Il mourut à Amsterdam en 1619 ; et, pour lui assurer un enterrement juif, ses proches décidèrent de le circoncire *post mortem*. Il fut enterré dans une partie séparée du cimetière qui était réservée aux *« pessoas indignas »* – aux personnes indignes. Après sa circoncision, le marchand reçut le nom de Baruch Senior[2]. On peut supposer que Spinoza se rendit quelquefois sur la tombe de ce Baruch Senior, qui n'était autre que son grand-père maternel

---

1. *Ibid.*, p. 82.
2. *Livro do Bet Haim do Kahal Kados de Bet Yahacob*, W. Ch. PIETERSE, 1970, p. 93. Voir aussi mon étude : « Attitudes towards Circumcision among the Early Modern Western Sephardim », dans KAPLAN 2009 [en hébreu], p. 383-384. Sur le grand-père de Spinoza, voir M. GULLAN-WHUR, 1998, XVI, p. 6-7, 17, 75 ; S. NADLER, 1999, *Spinoza. A Life*, p. 36 ; NADLER, 2003, p. 55. Voir aussi M. GARCÍA-ARENAL & G. WIEGERS, 2003, *A Man of Three Worlds*, p. 64-71.

dont il hérita son prénom. L'enfant, qui se rendait au cimetière depuis la mort de sa mère lorsqu'il avait six ans[1], se demandait certainement pourquoi on avait enterré « Grand-père Baruch » loin du reste de sa famille, et on peut imaginer qu'il fut fortement marqué par l'histoire de la circoncision posthume de son grand-père. À la lumière de ces faits, l'affirmation du philosophe « j'attribue aussi une telle valeur en cette affaire au signe de la circoncision, qu'à lui seul je le juge capable d'assurer à cette nation juive une existence éternelle » est hautement ironique.

L'ironie est encore plus évidente dans la suite de ce chapitre du *Traité* : « De l'importance que peut avoir une particularité telle que la circoncision, nous trouvons un exemple remarquable dans les Chinois : eux aussi conservent très religieusement l'espèce de queue qu'ils ont sur la tête comme pour se distinguer de tous les autres hommes[2]. » Et comme si cela ne suffisait pas pour ôter toute spécificité aux Juifs, dans la suite de ses propos, Spinoza vient assener le coup de grâce à ceux qui l'ont excommunié et qui ont enterré son grand-père dans un lopin au fond du cimetière parce qu'il n'avait pas appliqué le commandement ancestral : il rappelle que l'antiquité des Chinois dépasse de loin celle des Juifs – « et par là ils se sont conservés pendant des milliers d'années, dépassant de beaucoup en antiquité toutes les nations[3] ».

Bien évidemment, l'allusion à l'antiquité chinoise sert à réduire à néant l'affirmation prétentieuse du peuple juif

---

1. NADLER, 1999, *Spinoza. A Life*, p. 45-46 ; et *ID.*, 2003, p. 65-66.
2. SPINOZA, 1965, p. 82.
3. *Ibid.*

selon laquelle, s'il a survécu si longtemps, c'est la preuve que Dieu l'a élu parmi les autres peuples. Et voilà comment Spinoza, philosophe en chair et en os, attaque ceux qui l'ont excommunié et les frappe de nouveau aux points les plus sensibles.

Pendant quarante ans, j'ai eu l'habitude de soumettre un bon nombre de mes problématiques de recherche à Yerushalmi. Plus d'une fois, je lui faisais part d'hypothèses ou d'interprétations nouvelles, avant de les publier, et c'est toujours avec beaucoup d'impatience que j'attendais ses réactions. À présent que mon maître et ami a disparu, il ne me reste plus qu'à essayer d'imaginer quelle aurait pu être sa réaction, ce qu'il aurait pu dire s'il avait lu mes propos, et ces interrogations m'accompagneront tant que je poursuivrai mes recherches dans les recoins du passé juif.

2.

De l'Alliance royale à la religion de l'État. Yerushalmi entre Baron, Baer et Arendt

Maurice Kriegel

> Les Juifs n'avaient ni expérience ni traditions politiques... Le peu de connaissances et de pratique qu'ils avaient de la politique leur venait d'abord de l'Empire romain, où ils avaient été en quelque sorte protégés par le soldat romain, puis du Moyen Âge, où ils avaient sollicité et reçu des autorités monarchiques et ecclésiastiques éloignées une protection contre la population et les potentats locaux. Ils avaient en quelque sorte conclu de ces expériences que l'autorité, et particulièrement l'autorité supérieure, leur était favorable, tandis que les autorités subalternes, et particulièrement les gens du peuple, étaient dangereux[1].

C'est à cerner ce qui fait à la fois son accord et son désaccord avec ces réflexions de Hannah Arendt que Yerushalmi consacre son essai *Serviteurs des rois et non serviteurs des serviteurs*[2]. Son accord : il est parfaitement vrai que les

---

1. H. ARENDT, 2002, *L'Antisémitisme*, p. 244.
2. Y.H.Y., 2011, *Serviteurs des rois*, p. 54 et Y.H.Y., 2002 (2), p. 19-52 ; comme il correspond à la version écrite d'une conférence prononcée à Munich, il a été publié d'abord en traduction allemande en 1995 ; l'original anglais n'est sorti qu'en 2005.

Juifs, dès l'Antiquité, mais surtout tout au long du Moyen Âge, ont «reçu des autorités monarchiques et ecclésiastiques éloignées une protection contre la population et les potentats locaux»; qu'ils ont reçu cette protection après l'avoir «sollicitée»; qu'ils l'ont sollicitée parce que l'expérience leur avait appris que «l'autorité, et particulièrement l'autorité supérieure, leur était favorable, tandis que les autorités subalternes, et particulièrement les gens du peuple, étaient dangereux»; et, enfin, que ces attitudes héritées des temps médiévaux, comme l'expose Arendt à la suite, sont restées prégnantes jusqu'à l'époque contemporaine. Son désaccord: puisque les Juifs ont «sollicité» la protection des autorités, pris des initiatives en faisant fond sur les conclusions qu'ils ont tirées de l'analyse des situations auxquelles ils étaient confrontés, soutenir que les Juifs «n'avaient ni expérience ni traditions politiques» n'a pas de sens; d'ailleurs, écrire, comme le fait Arendt, que les Juifs ont «en quelque sorte» *(somehow)* conclu à la nécessité de pouvoir compter sur le soutien du pouvoir, c'est laisser entendre qu'ils auraient pu tirer d'autres leçons. Or il faut se rendre compte, tient Yerushalmi, que les conclusions des dirigeants des communautés juives étaient en substance justes, qu'il n'y avait de marge pour aucun autre choix, et dès lors que la ligne adoptée se justifiait; et si, à l'époque contemporaine, les Juifs ont continué à faire confiance aux détenteurs de l'autorité et à s'en remettre à eux pour leur sécurité, ils y ont été poussés par des raisons suffisamment puissantes pour qu'on n'ait pas à mettre en cause une prétendue naïveté. Yerushalmi est parvenu, me semble-t-il, aux positions qu'il définit ainsi face à Arendt, à travers la méditation de quelques-unes des thématiques centrales de deux œuvres qui l'ont toujours occupé : celle de son maître direct, Salo Baron, et celle de l'auteur qu'on peut tenir pour le plus grand, au XXe siècle, des historiens du monde juif, Fritz-Yitzhak Baer[1]. Il vaut la peine de revenir sur ces thématiques pour mieux saisir l'usage qu'en fait Yerushalmi lorsqu'il avalise les thèses d'Arendt, et les rejette du même mouvement.

Salo Baron a souligné quels liens étroits, dans l'Occident médiéval, se sont établis entre les Juifs et les pouvoirs monarchiques, et a, le premier, utilisé le terme d'« alliance » pour les qualifier. Deux ordres de considérations l'y ont conduit. Il lui importait, d'un côté, de montrer que les Juifs n'avaient pas été les objets passifs de leur histoire, et qu'ils avaient au moins cherché les moyens d'un ajustement optimal à des circonstances sur lesquelles ils n'avaient certes pas prise[2] : l'alliance nouée avec les princes lui a paru un exemple de cette capacité d'intervention et d'adaptation aux exigences d'univers sociaux et politiques très divers qu'ont manifestée les communautés juives en chaque période de crise, et grâce à laquelle elles ont assuré leur pérennité. Il lui importait tout autant, de l'autre côté, de prendre position contre ce qu'il dénonça comme la « vision lacrymale de l'histoire juive ». Quel meilleur exemple, là encore, des erreurs auxquelles celle-ci peut mener que la manière littérale qu'ont eue ses repré-

---

1. Yerushalmi a dit à la fois son admiration pour l'œuvre de Baer et les réserves qu'elle lui paraissait appeler dans la longue préface qu'il a rédigée pour la traduction française de *Galout* : cf. Y. F. BAER, 2000, p. 9-56.

2. BARON, 1964, « World Dimensions of Jewish History », p. 36-38 ; et *ID.*, « Newer Emphases in Jewish History », p. 101-102.

sentants d'interpréter la formule rencontrée, telle quelle ou à travers des locutions équivalentes, dans les sources juridiques de toutes les sociétés d'Occident, qui désigne les Juifs comme « serfs de la Chambre », impériale ou royale ? Il n'y faut voir, soutient Baron, aucune assimilation à la condition servile ; l'expression ne référait pas à une quelconque limite à la liberté des Juifs de circuler ou de se marier, mais signifiait qu'ils relevaient directement du pouvoir central, qui les prenait sous sa sauvegarde : membres d'une minorité protégée, leur condition rappelle plus celle des *dhimmis* dans les pays musulmans que celle des populations rurales asservies[1]. La proximité avec les autorités supérieures des États devient ainsi chez Baron l'un des traits saillants d'une condition juive médiévale dont il s'attache à donner, contre la tradition dite lacrymale, une version largement optimiste[2].

Quatre points, en particulier, ressortent de sa description d'ensemble. Société composée de corps et de communautés, le Moyen Âge faisait naturellement toute sa place à une communauté juive à laquelle il reconnaissait le droit de s'autogouverner : la culture juive pouvait du coup s'y pleinement déployer. L'Église enseignait certes

---

1. BARON, 1967, *A Social and Religious History*, t. XI, 1967, p. 119 ; *ID.*, 1928, « Ghetto and Emancipation », p. 53-54 ; *ID.*, 1937, *A Social and Religious History*, t. II, p. 22-27 ; *ID.*, 1972, « The Jewish Factor in Medieval Civilization » [p. 239-267], p. 259, 260-261 ; et les deux grands articles repris dans *Ancient and Medieval Jewish History*, p. 284-322.

2. L'essai de BARON, 1928, « Ghetto and Emancipation » marque l'ouverture de son combat contre l'historiographie « lacrymale ». Pour une analyse de cet essai fondateur, cf. E. MARMURSZTEJN, 2011, « La construction d'un passé meilleur », p. 101-120.

le mépris, et pressait le pouvoir séculier d'adopter les mesures qui donneraient une expression concrète à cette infériorité juive où elle voyait une nécessité doctrinale. Mais elle exigeait en même temps le respect des biens et des personnes ; elle constituait au surplus une organisation transterritoriale, supranationale qui, à l'instar du pouvoir central, plus tard, dans un Empire multinational (tel l'Empire des Habsbourg, où Baron a vécu sa jeunesse, et dont il a manifestement regretté la disparition), se souciait de tempérer les passions locales et de garantir une paisible coexistence entre les groupes sociaux ou nationaux[1]. Les interdictions ont pu d'ailleurs se retourner en avantages : les Juifs ont été poussés vers le prêt sur gages ; ceux d'entre eux qui pratiquèrent l'« usure » connurent une prospérité matérielle qui les plaçait bien au-dessus des classes non privilégiées de la société, et une sorte de *trickle-down economics* fonctionna, qui dissémina la richesse : « Durant plusieurs siècles avant l'Émancipation, de nombreux Juifs, individuellement, devaient profiter de l'ancienne restriction qui les avait formés au maniement de l'argent, et une partie de ces profits devait filtrer *(seep down)* parmi les masses juives[2]. » Les Juifs, enfin, parce qu'ils n'appartenaient pas aux classes chargées de la défense militaire de l'ensemble du corps social, mais aussi du fait de leur extériorité reconnue, étaient dispensés de toute activité

---

1. BARON, 1937, *A Social and Religious…*, t. II, p. 44-48 ; *ID.*, 1972, « The Jewish Factor », p. 262 (et p. 516, n. 66, où il dénonce « la vue traditionnelle, qui a fait porter la responsabilité des malheurs du judaïsme médiéval sur l'Église et ses enseignements »).

2. BARON, 1928, « Ghetto and Emancipation », p. 59 ; et la remarque de R. LIBERLES, 1995, *Salo Wittmayer Baron. Architect of Jewish History*, p. 45.

guerrière : exemption qui épargna plus de vies que n'en coûtèrent de sporadiques pogroms[1].

Mais Baron n'a pas voulu substituer une imagerie rose à un tableau tout en noir. Il note que si les Juifs se mettaient ainsi, notamment en Espagne, au service du pouvoir central pour pouvoir jouir de la protection que celui-ci leur accorderait en échange, c'est que face à l'hostilité des sociétés il leur fallait persuader les États d'assurer leur défense. Et surtout, il constate que le pacte tacite passé entre les Juifs et les pouvoirs comportait autant de risques que d'avantages, en plaçant les premiers au cœur de tout mouvement de déstabilisation dirigé contre les seconds :

> Les circonstances contraignirent les Juifs à s'allier avec la monarchie, ce qui concourut naturellement à accroître la puissance royale plus que les avantages des « serfs » juifs. C'était une alliance entre des alliés inégaux, puisque les rois pouvaient en poser les termes de façon arbitraire et même abroger complètement l'accord. Mais cette alliance même eut souvent le don d'indisposer contre eux [les Juifs] des classes en conflit permanent ou temporaire avec les rois ou la monarchie en soi[2]. Comme l'intérêt que les rois portaient à leurs sujets juifs était essentiellement d'ordre fiscal, ces relations mutuelles dégénéraient souvent en exploitation outrancière des contribuables juifs, qui à leur tour étaient acculés à exploiter les autres classes au moyen de l'usure… Tôt ou tard, il devenait impossible d'apaiser les appétits royaux de plus en plus aiguisés, tandis que le ressentiment des masses exploitées se changeait en haine profonde. Peu de gens seulement

---

1. BARON, 1928, « Ghetto and Emancipation », p. 59.

2. On voit comment l'interprétation des massacres des Pastoureaux en 1320 proposée par D. NIRENBERG, 2001, dans *Violence et minorités au Moyen Âge*, retrouve cette problématique.

se rendirent compte à l'époque que les communautés vivaient sur un baril de poudre[1].

Au surplus, un mécanisme aux effets désastreux se mettait inexorablement en marche : les Juifs renforçaient l'autorité centrale – partout, en agissant comme mobilisateurs de ressources, passées d'abord dans leur coffres au moyen de l'usure, puis dans ceux des appareils financiers des États en formation à travers la ponction fiscale ; et, plus spécialement en Espagne, en servant en de multiples fonctions comme agents du pouvoir royal. Ils concouraient par là à l'œuvre d'unification nationale, qui pour Baron fut la première responsable des expulsions de Juifs. Dans l'intervalle, toute contestation de cette autorité centrale s'exprimait sous la forme de violences dirigées contre les Juifs qui la servaient ; les violences ne provenaient pas de la haine religieuse « gratuite », mais d'un conflit ayant des bases « objectives » :

> Il était facile à un Zunz d'énoncer une généralisation voulant que la simple existence des Juifs était « leur seul crime réellement prouvé », mais il y avait plus que le simple fanatisme religieux pour inspirer les paysans allemands durant leurs révoltes contre les Juifs et les clercs à la fois. Le simple fanatisme religieux n'était pas plus derrière la révolution sociale de la paysannerie à Majorque. Dirigée largement contre les classes dominantes, la révolution frappa directement les Juifs à cause du grand endettement de la population rurale envers les prêteurs et les fermiers d'impôts juifs[2].

---

1. BARON, 1956-1964, *Histoire d'Israël. Vie sociale et religieuse*, t. IV, p. 99 ; p. 40-48 (« l'Alliance royale » dans l'Espagne du XIIᵉ siècle) ; ID., 1937, *A Social and Religious*, t. II, p. 24-25.
2. BARON, 1972, « The Jewish Factor », p. 261-262.

Et comme les Juifs, suivant l'image employée dès le XVIᵉ siècle, jouaient le rôle d'une pompe, aspirant les richesses, et que les princes mettaient la main sur elles par l'impôt exorbitant ou par la confiscation, ils ne connaissaient l'aisance matérielle que pour des espaces de temps toujours limités : « Pris dans leur ensemble, la grande majorité des Juifs d'Europe appartenaient à la classe moyenne inférieure, avec une mince couche de familles aisées, et un appendice considérable de pauvres, souvent entretenus par les organismes de secours des communautés[1]. »

Ainsi, Baron ne fait nullement l'impasse sur la fragilité de la condition juive et sur les « énormes souffrances » que les Juifs ont endurées au Moyen Âge, et que « même l'adversaire le plus déterminé de la conception lacrymale de l'histoire juive ne voudrait pas minimiser »[2]. Il tient cependant qu'il régnait parmi les dirigeants des États médiévaux un esprit de *fairness,* d'équité, de respect des lois, et qu'ils n'étaient donc pas conduits à défendre « leurs » Juifs par leur seul intérêt, si bien qu'on doit « absoudre tous les gouvernements médiévaux du soupçon d'avoir agi sur un mode qui pourrait rappeler les Nazis du temps de la Nuit de Cristal ou des temps postérieurs » ; les violences à l'instigation du pouvoir « allaient être réservées au gouvernement tsariste de la fin du XIXᵉ siècle, et à ses disciples parmi les Nazis »[3].

---

1. C'est sur cette appréciation que se conclut le volume XII de BARON, 1967, *A Social and Religious,* p. 238 ; ainsi que *ID.,* 1937, t. II, p. 17.

2. BARON, 1972, « The Jewish Factor », p. 264.

3. *Ibid.,* p. 264-267.

Yitzhak Baer a publié, en 1938, une longue recension, dans l'ensemble d'esprit très critique, de l'ouvrage de Baron *(Histoire sociale et religieuse des Juifs)* paru l'année précédente, mais il n'y a pas fait état d'une différence de jugement quant à l'«alliance royale», ses motifs et ses conséquences. Il devait être d'autant plus disposé à admettre qu'il a existé une politique calculée des souverains, faisant jouer à leur profit l'activité des Juifs placés dans leur dépendance et leur servant en retour de bouclier, qu'il est l'historien qui a fait plus que tout autre pour mettre en lumière les circonstances et les considérants de cet échange de services, à travers la publication des sources réunies dans son gigantesque recueil de documents sur le judaïsme espagnol médiéval[1]. Et s'il a fustigé les comportements et les attitudes typiques des Juifs fréquentant les cours et peuplant les administrations royales, il a reconnu le rôle indispensable qu'ils remplissaient au service de leurs communautés, puisque le salut de celles-ci dans leur ensemble dépendait de la conviction des souverains qu'ils se priveraient d'une ressource utile à l'affirmation de la puissance de l'État s'ils renonçaient à s'assurer la collaboration des officiers juifs de la Couronne. Ainsi, lorsqu'il évoque, dans son *Histoire des Juifs dans l'Espagne chrétienne*, la loi par laquelle le roi de Castille Alphonse XI décide, en 1348, d'interdire aux Juifs la pratique du prêt à intérêt et de les encourager à acquérir des terres (loi dont les Cortes elles-mêmes demanderont trois ans plus tard qu'elle soit rapportée), il montre pourquoi il n'existait pas d'alternative, pour qui se préoccupait de garantir

---

1. BAER, 1929-1936, *Die Juden im Christlichen Spanien*, t. I, et t. II.

la prospérité, mais surtout l'existence même, d'une communauté juive dans un pays ou un autre, à la politique fondée sur la communauté d'intérêts entre élites juives et monarchies : la loi était moins utopique qu'ailleurs, puisque de toute manière la majorité des Juifs d'Espagne ne tiraient pas leurs moyens d'existence du prêt sur gages, et que du coup ses répercussions revêtaient une ampleur bien moindre que dans le cas de l'Angleterre, où une loi comparable avait été promulguée par le roi Édouard Ier en 1275. Cette loi ne frappait, en apparence, que «le cercle étroit des détenteurs de capitaux juifs qui n'étaient pas habitués à tirer leur subsistance du travail et contrôlaient le crédit public et la ferme des impôts : les revenus dégagés par les activités agricoles ne pouvaient se comparer aux profits assurés par les affaires liées à l'État».

Cependant, «la ruine de la situation de ces Juifs, sur le plan économique et politique, était susceptible d'entraîner de graves conséquences pour l'organisation de l'État et pour l'existence du judaïsme espagnol dans son ensemble. L'interdiction du prêt à intérêt signifiait pour les Juifs qu'ils devraient renoncer à participer à l'achat des fermes d'impôts et à intervenir dans les cours royales pour défendre, selon leur esprit de responsabilité, la communauté juive [tout entière] dont ils étaient les dirigeants, et qu'ils laissaient la population juive exposée aux extorsions de toutes sortes d'hommes forts, de haut rang ou à un échelon modeste»[1]. On ne peut mieux faire saisir à quel point il était vital pour la communauté juive de voir l'alliance entre les souverains et leurs serviteurs juifs toujours reconduite.

---

1. BAER, 1992, *A History of the Jews in Christian Spain*, vol. 1, p. 360-362.

Mais les Juifs d'Espagne, si je comprends bien le point de vue de Baer, ne possédaient pas la théorie de leur pratique. Ils pouvaient certes savoir plus ou moins intuitivement que la corde sensible à agiter chez les souverains était celle de l'intérêt, ou qu'on pouvait s'adresser à l'autorité supérieure et la faire intervenir pour faire échouer les initiatives anti-juives venues d'en bas, mais ils n'étaient en même temps pas à même d'apprécier en quels termes concrets se posait aux derniers siècles médiévaux la « question juive », et de se fixer à partir de là une ligne d'action. Les en empêchait la démarche, habituelle chez quiconque était formé dans la tradition, à lire la marche des événements historiques en y reconnaissant à chaque instant l'inscription de la volonté providentielle. Baer convoque ainsi dans la page de conclusion de son *Histoire des Juifs...* la figure de Salomon Ibn Verga : celui-ci, juge-t-il, fut « le seul Juif à avoir eu l'audace de réfléchir sur les causes réelles de l'expulsion » ; et pourtant, il « ne parvint pas à des conclusions pratiques de nature à dégager une voie pour le changement de la situation politique de son peuple. En fait, il ne s'écarta pas, lui non plus, de la conception religieuse-traditionnelle de l'histoire juive en diaspora »[1]. Baer n'en reconnaît pas moins l'existence d'une politique d'ajustement pratiquée par les élites dirigeantes du judaïsme espagnol, mais il la tient pour illusoire. Le seul personnage, à son sentiment, à avoir nourri des vues authentiquement réalistes a paradoxalement été Judah Halévi : précisément parce qu'au milieu de l'affrontement entre islam et chrétienté sur la terre espagnole, il a brisé avec l'esprit d'initiatives visant « seulement » à

---

1. *Ibid.*, p. 441.

traverser la tempête avec le moins de dommage possible dans le court terme, et dénoncé l'autosatisfaction de dirigeants juifs qui prenaient les dispositions nécessaires pour que la communauté confiée à leur responsabilité puisse s'installer dans les meilleures conditions à l'ombre du nouveau pouvoir chrétien[1].

On sent, à lire le compte rendu du livre de Baer *(Histoire des Juifs...)*, que Yerushalmi publie peu après qu'une traduction eut mis ce classique à la disposition du public anglophone, combien il est séduit, à cette étape, par les thèses qui enlèvent cette histoire au «mythe d'un Âge d'or»: «les éléments catastrophiques étaient implicites dans le développement du judaïsme espagnol depuis le tout début»; «seul Judah Halévi fut capable d'en venir à comprendre intuitivement que la vie juive était en fin de compte intenable à la fois dans les territoires musulmans et les territoires chrétiens; mais il est resté une figure isolée»[2]. Yerushalmi estime ainsi, avec Baer, que les dirigeants du judaïsme espagnol «réagissaient à chaque crise à son tour, souvent avec une énergie prodigieuse, inventivité et dévouement», mais qu'ils étaient «incapables de percevoir les forces historiques qui étaient à la racine de ces éruptions»; cette incapacité, il l'attribue, à la suite de Baer, au jeu de la «mentalité» qui veut discerner derrière toute situation la main du gouvernement providentiel[3]; il

---

1. Baer, 1935, p. 23; *Id.*, 2000, *Galout*, p. 84 et suiv.; *Id.*, 1992, *A History...*, vol. I, p. 67 et suiv.; et l'article de Baron, 1972, «Yehudah Halevi: An Answer to a Historical Challenge», d'orientation très différente, p. 128-148.

2. Y.H.Y., 1966, «Baer's History, Translated and Revisited», p. 76, 79-80.

3. *Ibid.*, p. 80.

termine d'ailleurs sa recension sur une longue citation du passage qu'on vient de citer, où Baer pointe les limites de la réflexion d'Ibn Verga.

Cette appréciation négative est passée dans l'étude que Yerushalmi a lui-même publiée en 1976 sur Ibn Verga : mais, cette fois, c'est moins à l'inhabileté politique due à la domination du discours providentialiste qu'à l'emprise exercée par l'axiome de l'efficacité de la politique d'alliance avec le pouvoir monarchique, axiome censé se vérifier en chaque occasion, malgré les démentis apportés par des évolutions historiques inédites, qu'est imputé le manque de clairvoyance : « Si l'on dit qu'en somme les Juifs d'Espagne n'avaient pas d'autre alternative que de s'identifier du tout au tout avec la cause du souverain, on affirme certes une vérité, mais on reste en deçà de la réalité. Provoquée par la nécessité et affermie au fil du temps, cette alliance se développa au point de dépasser les réalités évidentes de l'ici-bas et devint un mythe structurant que l'élite du judaïsme espagnol perpétua jusqu'à la veille de l'expulsion[1]. »

Or, dans *Serviteurs des rois*, le jugement de Yerushalmi s'est infléchi : certes, l'« Alliance royale », chez Ibn Verga, « revêt des dimensions presque mythiques », si bien qu'il n'a pas su saisir qu'elle « avait atteint une impasse, que la Couronne d'Espagne, pour diverses raisons, ne ressentait plus le besoin d'avoir ses Juifs et gagnerait à leur bannissement ». Mais, avant de se transformer en mythe paralysant les capacités d'observation et d'analyse, l'alliance royale a bel et bien été une réalité ; et si les Juifs ont espéré l'entretenir alors même qu'elle n'était plus d'actualité,

---

1. Y.H.Y., 1998, « Le massacre de Lisbonne », p. 85.

c'est qu'ils avaient leurs raisons, plausibles, de garder leur confiance dans les monarchies : si elles les lâchaient, elles ordonnaient leur conversion forcée ou leur expulsion, mais, Yerushalmi y insiste en écho à Baron, « il n'était pas question ici de massacre. Aucun roi du Moyen Âge ne le décréta jamais, ni un pape ne l'autorisa. Lorsque massacre il y eut, il n'advint pas d'en haut[1] ».

Comme Hannah Arendt, Yerushalmi est d'avis que les Juifs, à l'époque « contemporaine », sont restés fidèles aux habitudes acquises au cours d'une expérience pluriséculaire et ont tablé sur le soutien de l'État face aux résistances que suscitait, avec leur Émancipation, mise en marche à partir des deux dernières décennies du XVIIIᵉ siècle, leur entrée dans les sociétés européennes. On pourrait objecter que, dans les conditions totalement nouvelles nées de l'Émancipation, les Juifs ne pouvaient espérer, et n'ont effectivement espéré, voir vaincre les résistances à l'Émancipation qu'à travers une alliance de type opposé à l'ancienne : avec les forces sociales et politiques associées au parti du mouvement. Mais Yerushalmi, pour s'écarter d'Arendt, soutient au contraire que la profondeur de l'opposition à l'Émancipation rend parfaitement justifié le choix des Juifs de reconduire l'alliance royale sous les espèces d'une alliance avec l'État, et que – comme aux temps médiévaux – cette stratégie s'avérait la seule possible. Arendt l'a condamnée, en mettant en lumière ses lourdes conséquences : « chaque classe de la société qui, à un moment ou à un autre, entrait en conflit avec l'État en tant que tel devenait antisémite parce que les Juifs étaient

---

1. Y.H.Y., 2011, *Serviteurs des rois*, p. 50-53.

le seul groupe social qui semblât représenter l'État[1] » ; mais précisément : telle fut la conséquence inévitable de l'unique ligne de conduite concevable. Tout se passe ainsi comme si la constellation de forces typique du Moyen Âge, telle que l'a décrite Salo Baron, s'était reproduite à l'époque contemporaine. Les deux périodes sont pourtant séparées par un abîme : le « massacre des Juifs, organisé par l'État, ne faisait pas partie de l'ordre chrétien médiéval. Il fut rendu possible par une rupture avec cet ordre[2] ». Seuls les États de l'époque contemporaine ont conduit les Juifs à la mort, et l'expérience d'un « Moyen Âge [qui], du moins dans les plus hautes sphères du pouvoir, connaissait encore les limites à ne pas franchir », devint pour les Juifs le handicap qui les empêcha de réaliser que c'était leur mort que les États programmaient[3].

Baron avait terminé son essai sur « le facteur juif dans la civilisation médiévale » par un éloge du Moyen Âge ; il affirmait en même temps n'être nullement convaincu que l'historien ait pour tâche de rendre des arrêts sur les générations passées, et ne pas chercher à prendre la défense des temps médiévaux[4]. Yerushalmi, à sa suite, conclut *Serviteurs des Rois* par l'apostrophe : « Ne vous méprenez pas : je ne nourris aucune nostalgie pour le Moyen Âge. Après tout, on naît toujours à la mauvaise époque[5]. »

---

1. ARENDT, 2002, p. 147, citée dans Y.H.Y., 2011, *Serviteurs des rois*, p. 63.

2. Y.H.Y., 1991 (1), « Persécution et préservation », p. 120-121 (l'essai date de 1977).

3. Y.H.Y., 2011, *Serviteurs des rois*, p. 64-79.

4. BARON, 1972, « The Jewish Factor », p. 266-267.

5. Y.H.Y., 2011, *Serviteurs des rois*, p. 79.

3.

Changer l'histoire juive, changer l'Histoire

Anna Foa

Je garde un souvenir très vif de la parution de *Zakhor* en Italie, en 1983, de la façon dont il fut reçu et lu, de la façon dont je l'ai moi-même lu et compris. C'était au moment de la guerre du Liban, et je faisais partie d'un groupe de Juifs ayant tous plus ou moins connu l'expérience politique gauchiste, qui s'opposait à cette guerre et se réunissait pour discuter de l'identité juive, d'Israël et de la diaspora. On commença à lire avec enthousiasme le mince livre de Yerushalmi, publié en italien par Pratiche[1], une petite maison d'édition raffinée; on se le passait de main en main, et il nous semblait être non pas une réponse, mais *la réponse* à nos interrogations: *Zakhor* touchait à tout ce qui nous intriguait, il éclairait les questions qui nous agitaient encore confusément. Après l'avoir lu, beaucoup d'entre nous auraient voulu entreprendre d'étudier ce dont, dans notre totale ignorance de Juifs italiens «assimilés», nous n'avions pas la moindre idée, un peu d'hébreu, un peu de Torah, un peu de midrach. Avec les

---

1. Y.H.Y., 1983 (2), *Zakhor*.

années, certains d'entre nous se sont éloignés de ces préoccupations, d'autres se sont rapprochés de la tradition, d'autres encore se sont investis du côté d'Israël ou ont pris parti, d'une façon ou d'une autre, dans le conflit israélo-palestinien. Pour ma part, j'étais à l'époque une jeune historienne qui s'occupait de Renaissance et de sorcellerie, et je me suis tournée presque naturellement vers l'histoire des Juifs. Notre groupe d'amis était en période de bouleversement et de transformation, *Zakhor* a fait l'effet d'un catalyseur, ou d'un manifeste. Comme toujours dans ces cas-là, on y lisait bien des choses qui n'y étaient pas, on y trouvait plus – et moins – que ce qui y était vraiment écrit. Je ne veux certainement pas sous-estimer le rôle du livre, qui a eu des retombées sur le débat historique bien plus importantes que ses effets culturels et politiques, mais plutôt réfléchir sur un phénomène : ce livre a représenté bien plus qu'un ouvrage important et un simple succès éditorial, il a servi d'instrument de transformation et de création identitaire. Pourquoi et comment cela a-t-il pu se réaliser ? C'est ce que je voudrais évoquer ici, en prenant l'exemple de sa lecture en Italie, dont je peux parler en quelque connaissance de cause.

En séparant très nettement la mémoire juive de l'histoire juive, Yerushalmi distinguait deux modalités différentes dans le rapport des Juifs avec leur passé : la tradition, le mythe et tout ce qui appartient à une sphère où la mémoire est préservée sans jamais être contextualisée et sans jamais devenir écriture de l'histoire ; et l'historiographie au sens moderne du terme, c'est-à-dire celle née de l'âge de l'émancipation, sous l'influence de la culture extérieure. L'ouvrage de Yerushalmi avait fait découvrir aux yeux de Juifs comme nous, tellement habitués à l'écriture de l'histoire que nous la considérions presque comme un phénomène naturel, des origines sur lesquelles nous n'avions pas réfléchi, des champs du possible que nous n'avions pas entrevus jusque-là. En édifiant une vision de la mémoire juive nettement opposée à l'histoire, qui détiendrait une fonction et une structure différentes de celles de l'histoire, ce livre reformulait simultanément tant l'image de la mémoire que celle de l'histoire. C'est, je le sais, ce qui lui a été le plus vivement reproché de différents points de vue, par Robert Bonfil[1], Moshe Idel[2] et Amnon Raz-Krakotzkin[3] notamment, qui lui ont opposé une vision beaucoup plus nuancée de cette prétendue absence d'histoire dans les périodes qui précèdent la rencontre des Juifs avec la modernité.

Mais à l'époque, c'était précisément ce qui nous fascinait : cette fracture entre mémoire et histoire. Si cette lecture s'était produite à un autre moment, il est probable que l'enthousiasme qu'elle avait suscité se serait à la longue affaibli, et que les représentations de la mémoire et de l'histoire seraient restées plus ou moins intactes. Mais c'était justement lors de la grande explosion de la mémoire de la Shoah : 1983, à peine deux ans avant la sortie du film *Shoah* de Lanzmann et un an après la parution

---

1. R. BONFIL, 1988, « How Golden was the Age of the Renaissance in Jewish Historiography ? », p. 78-102 ; *ID.*, 1997, « Jewish Attitudes toward History », p. 7-40.

2. M. IDEL, 2007, « Yosef H. Yerushalmi's *Zakhor.* Some Observations », p. 491-501.

3. A. RAZ-KRAKOTZKIN, 2007, « Jewish Memory between Exile and History », p. 530-543.

du roman de Primo Levi, *Se non ora, quando?*, qui obtenait un grand succès en Italie[1]. Deux ans avant, en 1981,
Survivre de Bruno Bettelheim avait été traduit en italien
par Feltrinelli et avait également été accueilli avec un très
grand intérêt[2]. Le développement rapide des mémoires de
la Shoah commençait.

Bien sûr, la Shoah occupe très peu de place dans le livre
de Yerushalmi, ce qui d'ailleurs lui a été reproché par ceux
qui lui ont objecté ne pas être bon prophète[3]. Mais je ne
crois pas que cette explosion de la mémoire de la Shoah,
que Yerushalmi n'avait probablement pas prévue, soit vraiment étrangère à la réflexion dont *Zakhor* est sorti, même
si Yerushalmi déplorait l'hypertrophie de l'histoire et que
nous en soyons, aujourd'hui, à déplorer l'hypertrophie de
la mémoire[4]. Le problème tient, je crois, à la distinction
qu'il opère, c'est-à-dire la sortie tant de la mémoire que de
l'histoire de cet état incertain où les deux se confondent,
et à l'accentuation de leur conflit, qui est à la fois conflit
d'origine et conflit d'objectif: la mémoire maintient la
tradition, l'histoire est par nature «révolutionnaire»; elle
introduit un changement. Ressusciter la mémoire juive,
l'introduire dans le grand courant de l'histoire, reprendre
des fils que la fracture provoquée par l'irruption de l'histoire avait trop brutalement cassés, aller aux racines de la
judéité de l'histoire juive sans pourtant oublier que c'était
une recherche contextuelle, qui se faisait au sein de l'his-

1. Pr. Levi, 1982, *Se non ora quando?* ; 1983, *Maintenant ou jamais*.
2. B. Bettelheim, 1981, *Sopravvivere* ; 1979, *Survivre*.
3. G. D. Rosenfeld, 2007, «A Flawed Prophecy? *Zakhor*, the
Memory Boom, and the Holocaust», p. 508-520.
4. A. Wieviorka, 1998, *L'Ère du témoin*.

toire et non à l'encontre de l'histoire, tel était le legs que ce livre nous avait offert, peut-être même en nous l'imposant. La lecture du livre de Yerushalmi a marqué une sorte de révélation : l'histoire, la pensée historique – une mer dans laquelle nous avions appris très naturellement à nager –, pouvait détenir un potentiel révolutionnaire, elle était par elle-même, indépendamment de ce qu'elle disait, subversive. La sécularisation avait pu s'imposer dans le monde juif, et peut être partout, « par la pensée historique », pour le dire avec Ismar Schorsch[1], et non pas seulement à travers la critique de la religion ou l'abandon de la pratique religieuse[2].

La mémoire collective qui s'est alors éveillée autour du souvenir de la Shoah n'était certainement pas celle dont *Zakhor* évoque la perte, une répétition anhistorique du rituel à travers laquelle le passé peut devenir présent. C'était également une force mythologique puissante, capable d'exercer les mêmes fonctions que le rituel et la tradition dans la société traditionnelle. Fonctions que Yerushalmi désignait clairement : participation, identification, mise en scène symbolique de faits rigoureusement choisis à travers lesquels se renforce l'identité collective et individuelle, comme dans le cas du *Seder*, « exercice quintessentiel de la mémoire collective juive[3] ». Une mémoire – celle de la tradition – que celle de la Shoah a, d'une

---

1. I. Schorsch, 1994, *From Text to Context*.
2. A. Funkenstein, 1993, *Perceptions of Jewish History* ; J. Ehrenfreund, 2000, *Mémoire juive et nationalité allemande* ; D. N. Myers, 2003, *Resisting History* ; E. Carlebach, J. M. Efron, D. N. Myers (éd.), 1998, *Jewish History and Jewish Memory*.
3. Y.H.Y., 1984, *Zakhor*, p. 60.

certaine manière, supplantée; les chants synagogaux ont été remplacés par les paroles des témoins, l'identité en est venue à s'édifier sur la persécution et non plus sur la tradition, la religion de la Shoah a en quelque sorte remplacé la religion tout court, ce dont les rabbins, du moins en Italie, ne cessent de se plaindre.

Quoi qu'il en soit, la crainte exprimée par Yerushalmi dans *Zakhor*, c'est-à-dire l'étouffement de la mémoire par l'histoire, ne s'est pas produite. Mais l'histoire non plus n'a pas disparu sous le fardeau de la mémoire. La mémoire de la Shoah, si différente de celle exposée par Yerushalmi, est une mémoire pénétrée d'histoire. Bien sûr, les récits des témoins introduisent la subjectivité dans le souvenir du passé, mais ce passé, en dépit de ses excès de subjectivité, est aussi un passé authentique, ou du moins un passé qui se revendique comme tel. Mais peut-on dire que cette mémoire de la Shoah ait réussi à combler l'abîme qui existait entre mémoire et histoire et qu'avait pointé le livre de Yerushalmi? Ce n'est pas le cas. Quand Yerushalmi introduit l'idée de jeter un pont entre mémoire juive et histoire juive, il se réfère à un phénomène plus profond que la subjectivité. Puisque la mémoire est pour lui celle de la structure dans laquelle la culture juive traditionnelle a organisé et maîtrisé son passé, seule la conscience de la fracture qui s'est opérée quand les Juifs ont commencé à se penser dans le temps permet à l'historien de redéfinir son rôle dans ce processus, en réintroduisant la mémoire dans l'histoire. Un rôle thérapeutique, dont Yerushalmi dit, citant Eugen Rosenstock-Hüssy: «De même que le médecin doit agir indépendamment des théories médicales, parce que son patient est malade, de même l'historien doit-il agir, poussé par la morale, pour restaurer la mémoire d'une nation ou celle de l'humanité[1].»

Ici, nous approchons l'histoire, ou plus encore, l'écriture de l'histoire. Une histoire qui sort, paradoxalement, renforcée de sa discussion dans *Zakhor*, comme Yerushalmi devait lui-même le souligner, en 1987, dans sa contribution au colloque de Royaumont sur les «Usages de l'oubli»[2]. La dernière des leçons dont se compose *Zakhor* a pour titre *Malaise dans l'historiographie*; elle s'ouvre par le rappel du statut tout à fait récent de l'histoire juive dans l'ensemble du monde culturel et en particulier dans le monde académique. Yerushalmi précise que ce n'est qu'à partir de 1930, quand son maître Salo Baron a obtenu une chaire d'Histoire juive à l'Université de Columbia, qu'une université laïque a introduit cette discipline parmi ses matières: «Mon lignage, écrit-il en faisant allusion à son métier d'historien des Juifs, ne remonte pas plus loin que les années vingt du siècle dernier. Ce qui fait de moi au regard de la longue histoire des Juifs sinon un personnage illégitime, du moins un *parvenu*.» Immédiatement après, Yerushalmi souligne le paradoxe représenté par son métier d'historien des Juifs: «Mes méthodes de fouilles dans le passé juif constituent une rupture décisive avec ce même passé[3].» De plus, il réfléchit au nœud formé par cette rupture et le mode singulier d'émergence et de consolidation de l'histoire juive, en développant avec subtilité l'idée du lien entre l'histoire

---

1. Y.H.Y., 1984, *Zakhor*, p. 110.
2. Y.H.Y., 1988, *Usages de l'oubli*.
3. Y.H.Y., 1984, *Zakhor*, p. 97.

générale et l'histoire juive, bien qu'il affirme à plusieurs reprises vouloir poser cette question du seul point de vue des caractères spécifiquement juifs de l'historiographie juive : « Je me suis toujours exprimé en des termes spécifiquement juifs. Je ne doute pas cependant que vous considérerez qu'en fin de compte les principaux problèmes que j'aurai soulevés concernent l'ensemble de la discipline historique. Il n'est pas un seul de ces problèmes qui ne puisse, je crois, être traduit en d'autres termes et généralisé. Mais telle n'était pas mon intention[1]. »

L'histoire dont parle Yerushalmi est donc bien l'histoire juive ; mais, en réalité, il traite d'Histoire. En effet, il est évident qu'au moment même où l'on souligne l'aspect révolutionnaire de la pensée historisante dans la culture juive, on pose le problème de l'extérieur. Car c'est de l'extérieur que vient cette faculté de se penser dans le temps, que la culture émancipée – si l'on ne veut pas employer le terme ambigu d'« assimilée » – du XIXe siècle a adoptée avec un enthousiasme plus ou moins soutenu, et plutôt faible dans le cas de l'Italie[2]. L'une des conditions essentielles de la réalisation de ce processus a tenu – et c'est à Spinoza qu'on le doit – à la reconnaissance d'une similarité de méthodes entre Histoire et histoire des Juifs. L'histoire des Juifs utilise les mêmes instruments que l'histoire des autres peuples, celle des gentils : il n'y aurait donc pas de différence de structure, et la distinction entre une histoire qui serait sacrée et une histoire qui serait profane, s'efface. Pourquoi, dans ces conditions, les principes méthodolo-

---

1. *Ibid.*, p. 118.
2. *Ibid.*, p. 108.

giques de l'histoire juive devraient-ils différer de ceux de
l'histoire générale? L'histoire des Juifs fait partie de l'Histoire. Mais le seul fait qu'il y ait une histoire des Juifs,
bâtie selon les critères de l'histoire générale, contribue
à changer aussi la façon dont les historiens conçoivent
l'histoire générale. Dans un autre essai très important, où
Yerushalmi analyse la différence entre les lois de *limpieza
de sangre* établies en Espagne et les lois racistes décrétées
dans l'Allemagne nazie[1], il souligne la manière dont les
Juifs assimilés et les convertis ont non seulement adopté
la culture extérieure, mais se sont également préoccu-
pés de la changer. Le succès de l'histoire juive entraîne,
pareillement, la transformation globale de l'histoire générale. Certes, une nouvelle méthodologie de l'histoire était
déjà en train de naître. L'histoire, on le sait, avait déjà
abandonné, grâce à l'apport des autres disciplines, les
domaines étroits de l'histoire politique ou événementielle,
et ce avant même que l'histoire juive, évidemment si peu
« politique », ne signale cette transformation.

Il existe bien des façons, pour l'historien qui fait de
l'histoire juive, de se mettre en rapport avec l'histoire
« générale ». L'une d'entre elle consiste à ajuster l'histoire
des Juifs à celle des groupes dominants, en choisissant
parmi les différentes approches historiographiques exis-
tantes ; l'histoire des minorités étant une discipline plus
récente, elle serait moins légitime, sur le plan de l'histoire
générale, que les modèles historiographiques déjà consti-
tués. Cette méthode permet ainsi de poser les questions
en terme de « contributions » des Juifs à la culture ou à

---

1. Y.H.Y., 1998, « Assimilation et antisémitisme », p. 287-292.

l'histoire des majorités. Cette approche a récemment été remise en question, dans la mesure où l'on a bien souvent considéré qu'elle était incapable d'apporter une quelconque innovation[1]. Une autre méthode souligne la spécificité et l'insularité de l'histoire juive, que ce soit dans sa version religieuse traditionnelle (pourquoi les Juifs n'ont-ils pas disparu durant leurs deux millénaires d'exil ?) ou bien dans une version plus sécularisée, qui en accentue la séparation, y compris en termes socio-anthropologiques. Une autre manière de procéder consiste à partir des spécificités de l'histoire juive pour arriver, à travers ses discordances avec l'histoire générale, à en démontrer les failles : elle contraint l'historien à engager un travail difficile de comparaison et, en fin de compte, à innover. Dans les deux premiers cas, l'historien des Juifs se propose de hisser le niveau de l'histoire sur laquelle il travaille à celui de l'histoire générale, qu'il place à un rang supérieur car plus établi dans la discipline historique. On pourrait voir dans ce projet une sorte de complexe d'infériorité inconscient, où l'historien d'un groupe minoritaire voudrait surtout l'intégrer en bonne part à la grande histoire.

Dans le dernier cas, il ne doit pas exister de complexe d'infériorité, car l'historiographie juive, en raison de sa construction singulière, de sa naissance tardive, de ses particularités, telle que l'absence millénaire d'une histoire politique, etc., a plus de chances de changer l'histoire de la majorité. En répondant comme elle le fait à des questions plus urgentes et plus pressantes, elle détient un plus grand potentiel d'innovation, à condition, toutefois, que

---

1. MYERS, 2003, Introduction, p. 1-10.

l'historien ait pleine conscience des possibilités qu'elle ouvre, et qu'il soit capable de reconnaître le rôle qu'il peut jouer dans ce nœud de comparaisons, de conflits, de différences, d'analogies, de potentialités symboliques et métaphoriques, ou de possibilités historiographiques. C'est ce que Yerushalmi a fait dans son œuvre d'historien : en changeant le statut de l'histoire juive, il est parvenu à lui donner, dans certains domaines et à certains moments, une sorte de position d'avant-garde dans le domaine des études historiques.

4.

La notion d'Alliance royale
et Yerushalmi pour maître

Marina Rustow

Yosef Yerushalmi a été un grand historien doublé d'un écrivain d'une rare acuité, sachant instinctivement convertir en thèmes universels des questions de clocher. Ce que l'on sait moins, c'est qu'il était également doté d'une intuition exceptionnelle quant aux capacités de ses étudiants, intuition grâce à laquelle ils donnèrent le meilleur d'eux-mêmes.

La classe des doctorants est la plus pénible qui soit, car elle tente de démolir les édifices intellectuels existants avant même de savoir combien il est difficile d'en construire de solides. Yerushalmi acceptait volontiers que ses étudiants aient cette propension à la critique, mais il nous a appris, dans le même temps, à reconnaître avec discernement ce qui était valable sans nous contenter de pointer ce qui ne l'était pas.

Pour l'évoquer, je vais rappeler deux de ses qualités premières : d'abord, son génie pour identifier l'essentiel dans les travaux existants ; ensuite, son habileté à saisir comment développer l'intérêt de ses étudiants. Ces deux qualités caractérisent sa personne : tout à la fois généreux, positif, lucide et autoritaire, bien qu'on l'ait parfois perçu comme irascible. Cette générosité s'exerçait autant envers ses maîtres qu'envers ses étudiants, comme le montre la relation que l'étudiant Yerushalmi a entretenue avec le doyen des historiens juifs modernes, Salo Wittmayer Baron, qui fut son propre maître.

L'ALLIANCE ROYALE

L'une des idées majeures développées par Yerushalmi trouve son origine dans les travaux de Baron : la notion d'«alliance royale», qui illustre le lien direct existant entre les Juifs et le pouvoir souverain au Moyen Âge[1]. L'admettre n'est en rien atténuer l'originalité de l'œuvre de Yerushalmi ; c'est, à l'inverse, une manière d'en reconnaître la virtuosité intellectuelle. La notion d'alliance royale, qui représente à peine huit pages parmi les dix-sept volumes de sa *Social and Religious History of the Jews*, s'est transformée chez Yerushalmi en un concept qui, en traversant l'ensemble de l'histoire, éclaire les accommodements politiques des Juifs depuis l'Empire romain jusqu'à la Déclaration Balfour.

Salo Baron a forgé la notion d'«alliance royale» pour décrire le processus qui, après la *Reconquista* dans la Péninsule ibérique, a permis à certains Juifs d'exercer les mêmes charges que dans le gouvernement musulman du Sud auprès du pouvoir chrétien au Nord. On

---

1. S. W. BARON, 1952-1983, *A Social and Religious History of the Jews*, t. IV, p. 36-43.

retrouvait ainsi, au service des monarques chrétiens, les mêmes personnages qui avaient jadis rempli chez les souverains musulmans les fonctions de financiers, diplomates ou conseillers militaires. Cette « alliance » entre les Juifs et le pouvoir royal intéressait Baron dans la mesure où elle relevait d'une forme médiévale de « raison d'État ». Pourquoi, en effet, un gouvernement chrétien voudrait-il s'entourer de conseillers juifs ? Les Juifs disposaient-ils de qualités particulières qui ne se trouvaient pas chez les autres membres de la Cour ? Dépassant les interrogations judéo-centrées qui avaient déterminé les descriptions précédentes de l'histoire des Juifs, il chercha à comprendre le genre de profit qu'un monarque chrétien pouvait bien retirer de la présence de Juifs à la Cour. La progression vers le Sud de la *Reconquista* avait ancré les chrétiens toujours plus profondément dans un environnement musulman, et les Juifs qui avaient auparavant servi les règnes musulmans restaient utiles par leur connaissance de la langue arabe et leur « familiarité avec les conditions internes » de ces petits états andalous[1]. Tout monarque chrétien un tant soit peu judicieux pouvait donc bénéficier de l'expérience accumulée par les courtisans juifs dans la négociation diplomatique. Appréhender l'évolution de l'histoire juive en la situant dans le contexte de l'histoire générale est caractéristique de l'attitude de Baron : il ne s'était donc pas interrogé sur ce qui convenait ou non aux Juifs, mais avait plutôt

---

1. *Ibid.*, IV, p. 36.

cherché à saisir l'avantage stratégique qu'ils représentaient pour ceux qui les gouvernaient[1].

Saisissant la valeur exploratoire de cette idée, Yerushalmi préféra en inverser les interrogations. Si Baron s'était interrogé sur la raison qui avait incité les gouvernements chrétiens à avoir des Juifs à leur service, Yerushalmi se demanda comment, pour leur part, les Juifs avaient pu percevoir cet arrangement. Placés sous la protection des plus hautes instances du pouvoir, les Juifs avaient vu dans cette position privilégiée la main de la Divine Providence : l'«alliance royale» symbolisait manifestement la direction divine de l'Histoire, l'assurance qu'ils demeureraient «serviteurs des rois et non serviteurs des serviteurs» (*'avadim li-melakhim ve-lo 'avadim la-'avadim*), selon les termes utilisés par le philosophe juif du xve siècle Isaac Arama[2].

Approfondissant l'hypothèse, Yerushalmi se demanda ensuite ce qui pouvait se passer lorsque, une fois les Juifs devenus inutiles aux souverains, cette «alliance royale» ne leur servait plus qu'à dissimuler les vérités douloureuses de leur véritable condition politique dans les royaumes. Durant le Moyen Âge, en effet, la protection royale avait accordé aux Juifs des privilèges particuliers,

---

1. *Ibid.*, IX, p. 135-192 ; BARON, 1972, «Plenitude of Apostolic Powers and Medieval Jewish Serfdom», p. 284-307; et *ID.*, «Medieval Nationalism and Jewish Serfdom», p. 308-322.

2. Y.H.Y., 1998, «Le massacre de Lisbonne», p. 307, n. 3. La phrase est empruntée à une glose rabbinique sur Lévitique 25, 42 (*Mekhilta ba-ḥodesh* 5, *Sifra be-ḥuqotai* 3, Talmud de Babylone, *Qiddushin* 22b, *Bava Qamma* 116b, *Bava Meṣia'* 10a, etc.), citée dans un grand nombre de commentaires médiévaux.

où figurait le principe selon lequel la défense de leur sécurité devait relever de l'intérêt de l'État. Mais cette protection les avait simultanément exposés à d'autres dangers. Les Juifs n'avaient guère noué de loyautés au sein des classes moyennes et inférieures de fonctionnaires, car cette alliance verticale s'était conclue «au détriment d'alliances horizontales avec d'autres segments ou classes de la population en général[1]». Ces autres classes sociales avaient développé un fort ressentiment à l'encontre des Juifs, et ils étaient progressivement devenus plus vulnérables à toute tentation du monarque de les expulser, dès lors qu'ils étaient devenus des rouages sociaux ou économiques superflus.

Cette observation conduisit Yerushalmi à son troisième point : en dépit de la cruelle réalité, les Juifs persistèrent à croire que l'État et ses dirigeants restaient toujours bienveillants à leur égard. Par exemple, Manuel Ier, qui ordonna la conversion massive des Juifs du Portugal en 1497, apparaît dans la chronique de l'exilé portugais Salomon Ibn Verga comme un «roi gracieux» *(melekh ḥasid)*[2]. L'adjectif que Ibn Verga emploie est justement l'un de ces éléments sur lesquels Yerushalmi aimait s'attarder. Ce terme, selon lui, fonctionnait comme une synecdoque, un simple détail capable de rendre compte d'un ensemble historique complexe, suffisant à éclairer la contradiction se faisant jour entre la vision de la politique des Juifs et leur réelle situation dans l'Europe médiévale.

---

1. Y.H.Y., 1976, *The Lisbon Massacre*, XI.
2. Y.H.Y., 1998, «Le massacre de Lisbonne», p. 39 ; cf. p. 293-294, n. 3 et p. 88 et suiv.

Comment Ibn Verga avait-il pu décrire Manuel Iᵉʳ sous les traits d'un souverain protecteur ? Et ses lecteurs – dont une bonne partie provenait soit de l'expulsion d'Espagne, soit de celle du Portugal – pouvaient-ils vraiment croire que Manuel Iᵉʳ était bienveillant à leur égard ? Comment les Juifs pouvaient-ils maintenir leur loyauté à l'égard d'une royauté qui les avait trahis et d'un État qui ne leur rendait pas leur confiance ?

C'est ce questionnement qui a permis à la notion d'«alliance royale» de se muer chez Yerushalmi en «mythe de l'alliance royale». Avec une rare sensibilité, il a découvert la persistance de la confiance que les Juifs plaçaient dans une situation politique qui, de fait, avait cessé d'être. Ce faisant, Yerushalmi fut l'un des premiers historiens des mondes juifs à s'aventurer sur la voie de l'histoire des mentalités. Cette manière de procéder impose à l'historien de savoir creuser au-delà de ce que les sources disent : de s'intéresser à ce qu'elles taisent. Elle exige, en outre, la mise en œuvre de cette sorte d'empathie qui caractérise les bons romanciers – et les grands historiens. D'ailleurs, Yerushalmi n'aurait probablement pas réfuté ce lien entre le romancier et l'historien. Je me souviens que, lors de l'un de nos séminaires de doctorants, il avait rappelé qu'avant d'écrire *Guerre et Paix* Tolstoï avait dépêché une équipe d'assistants pour enquêter dans les archives. Pourquoi donc, nous avait-il alors demandé, nous priver de mettre un peu de l'art narratif de Tolstoï dans notre écriture de l'histoire ?

Les lecteurs français de Yerushalmi savent que chez lui, le «mythe de l'alliance royale» ne se limite ni au monde séfarade ni à la période médiévale. Dans un essai que

Yerushalmi a publié en France en 2002, il a identifié dans le «mythe de l'alliance royale» un modèle repérable tout au long de l'histoire juive, depuis l'Antiquité jusqu'au siècle impitoyable qui vient de s'achever[1]. Ce travail sur la notion d'«alliance royale» lui a permis d'extraire la gemme lumineuse d'une permanence de la gangue de «faits» et de «preuves» où elle était enfermée. Chez Yerushalmi, l'art de l'historien consiste précisément à débusquer ce genre de permanence, à savoir mettre en évidence un phénomène qui, rétrospectivement, passera pour si évident qu'il ne pourra pas avoir valeur d'exception. Mais il est rare qu'une intuition pénètre entièrement le savoir constitué d'un champ. La contribution de Yerushalmi à l'histoire politique des Juifs a permis d'élargir ce champ à d'autres horizons qui, à leur tour, ont éclairé des phénomènes historiques échappant à son enquête initiale, identifiables aussi bien dans le Caire médiéval que dans la ville moderne de New York.

Dans la version initiale, publiée en anglais, Yerushalmi avait souligné que sa démonstration du «mythe d'alliance royale» n'était pas destinée à être «le simple écho d'un passé mort[2]». Sans plus amples précisions, cette affirmation marquait, néanmoins, son engagement dans la politique culturelle juive des années 1960 et 1970. Hannah Arendt avait été la première à signaler, dès 1958, dans *Les Origines du totalitarisme*, que les Juifs avaient continué à placer leur confiance dans l'État, bien après qu'il eut cessé

---

1. Y.H.Y., 2002 (2), «Serviteurs des rois», p. 19-52 et Y.H.Y., 2011.
2. Y.H.Y., 1976, *The Lisbon Massacre*, XI.

de les protéger[1]. Là aussi, Yerushalmi a repéré une idée méritant d'être approfondie. Aussi célèbre que controversée, la couverture du procès d'Adolf Eichmann par Arendt avait fait valoir que la confiance que les Juifs plaçaient dans le pouvoir des plus hautes autorités – et leur méfiance tant de la basse bureaucratie que de la population environnante – les avait rendus politiquement passifs et avait incité les *Judenräte* à collaborer avec les persécuteurs[2]. Arendt, parlant en philosophe, avait accusé les membres des *Judenräte* de s'être montrés moralement faibles et trop confiants dans le pouvoir en place. Yerushalmi, en tant qu'historien, a pressenti que ce phénomène résultait d'une mentalité profondément ancrée dans la longue tradition de la politique juive. Sa réponse, différente de celle de Gershom Scholem, qui avait répondu à Arendt sur le plan de l'éthique, n'était donc pas dirigée comme une défense d'ordre moral des *Judenräte*[3]. Pourquoi les Juifs auraient-ils dû être parfaits, s'interrogeait Yerushalmi, si la Bible hébraïque elle-même n'hésitait pas à décrire tous les défauts des Israélites ? Cette critique lui donna plutôt l'occasion de défendre ce qu'il estimait être l'outil le plus

---

1. H. ARENDT, 1958, *The Origins of Totalitarianism*, et *ID.*, 2002, *Les Origines du totalitarisme*.

2. ARENDT, 1963, *Eichmann in Jerusalem: A Report on the Banality of Evil*.

3. Scholem a réagi à la publication de *Eichmann à Jérusalem* dans une lettre ouverte dans laquelle il a accusé Arendt d'un manque de «*ahavat Yisra'el*» (amour pour le peuple juif) : SCHOLEM, 1964, «Eichmann in Jerusalem: Exchange of Letters between Gershom Scholem and Hannah Arendt», p. 51-56 ; voir aussi les sources citées par M. KRIEGEL, 2000, «L'alliance royale, le mythe, et le mythe du mythe», p. 14, n. 1.

important du métier d'historien : l'empathie avec son sujet de recherche – dans ce cas, le Juif qui avait placé sa confiance dans l'État. Si la tâche de l'historien consiste à percevoir ce pays étranger que représente le passé autant comme ses habitants l'ont vu que comme ils n'auraient jamais pu le voir[1], le reproche que Yerushalmi adressait à Arendt était de ne l'avoir entrevu que de l'extérieur. Pour ce qui avait trait à la période moderne, l'analyse d'Arendt était, selon lui, « irréfutable[2] ». Mais elle avait écrit que les Juifs de l'époque pré-moderne étaient politiquement naïfs, et les avait critiqués pour leur « absence d'expérience politique[3] ». Yerushalmi, pour sa part, avait démontré que les Juifs, même en diaspora, étaient les héritiers d'une longue tradition politique sur laquelle ils se fondaient pour tout négocier, qu'il s'agisse de leur privilège de faire du commerce dans la ville de Spire en 1084 ou de leur droit de s'établir en Palestine durant le Mandat britannique.

Le dialogue ébauché par Yerushalmi avec Arendt a suscité l'incompréhension. Certains interprétèrent le modèle du « mythe de l'alliance royale » comme une condamnation tardive du *Hofjüde* d'hier, le « Juif de Cour » avec ses illusions politiques. D'autres virent là le reflet d'une historiographie américaine conservatrice de l'après-guerre trop encline à dénoncer les illusions récurrentes des Juifs devant l'indifférence des pouvoirs politiques[4]. L'intention

---

1. Je dois cette formulation à Jonathan Prude.
2. Y.H.Y., 2002 (2), « Serviteurs des rois », p. 21 ; Y.H.Y., 2011, p. 12.
3. ARENDT, 2002, *L'Antisémitisme*, p. 244.
4. KRIEGEL, 2000, « L'alliance royale », p. 30, a raison de souligner l'usage exagéré du mythe effectué par Arthur Hertzberg, et il me semble que Yerushalmi aurait certainement été d'accord avec sa critique.

de Yerushalmi était cependant tout autre. Loin de vouloir porter un jugement quelconque sur le Juif de Cour ou de regretter les illusions de jadis et de naguère, Yerushalmi avait voulu identifier et analyser un modèle transmis dans la longue durée et entendait saisir son importance pour l'histoire juive pré-moderne.

Le maître

Yerushalmi aimait invoquer le « sens olfactif » des grands historiens. Tout comme il avait du « flair » pour sentir les détails significatifs des textes historiques et pour repérer les idées à explorer parmi celles de ses prédécesseurs, il avait aussi un sens inné qui lui permettait de mettre ses étudiants en résonance avec les thèmes de recherche qui leur convenaient. Et ce, bien avant qu'ils soient en mesure de le faire par eux-mêmes. Dès le début du séminaire de doctorants, Yerushalmi nous prévenait que nous étions *déjà* des historiens, affirmation qui nous forçait à entrer dans ce rôle. Il a senti, par exemple, que j'avais l'étoffe d'une historienne bien avant que je puisse moi-même en être consciente, et cela m'a ainsi permis d'éviter de me lancer dans un doctorat de philologie sur le Talmud de Babylone qui m'aurait empêchée de faire ce que je désirais le plus : écrire pour un lectorat comportant plus de six personnes. Il avait, en outre, une capacité impressionnante à discerner les lacunes d'un domaine et à les faire correspondre tant à nos ambitions qu'à nos idées informes.

J'ai eu le privilège d'être la dernière doctorante de Yerushalmi, et je n'oublierai jamais ce qu'il m'a dit lors de notre première rencontre. J'avais alors vingt-quatre ans et, à la manière typique de ceux qui manquent de confiance dans leurs capacités, je tentais d'engager un débat autour d'un détail de son livre *Zakhor,* alors que nous attendions l'ascenseur. Sachant qu'à l'Université de Columbia les ascenseurs se déplacent lentement, mais que ce débat ne pourrait pas durer plus que le temps qu'il lui faudrait pour aller du cinquième au troisième étage, il m'a tranquillement laissé finir ma tirade avant de répliquer : « Ah, Marina, la jeunesse existe pour réfuter la vieillesse. » Ce n'est qu'alors que je me suis rendu compte qu'il était possible que je puisse avoir quelque chose de sensé à dire à propos du passé juif.

Sa direction des travaux d'étudiants se déroulait dans son bureau. C'est dans ce cadre privilégié que je parvins à le taquiner, appelant ces séances l'« heure yerushalmienne ». D'ailleurs, tout comme l'heure freudienne ne dure pas vraiment une heure, et ne dépasse pas cinquante minutes, celle de Yerushalmi durait une heure et demie, et souvent plus. Que se passait-il pendant ce temps-là ? Yerushalmi reprenait la matière première que nous lui avions apportée et la reformulait avec une telle clarté, allant vers l'essentiel, que tout paraissait soudain simple, au moins durant « l'heure yerushalmienne » ; devant la table de travail, c'était évidemment une autre affaire. Mais repérant ce qui méritait d'être creusé dans un thème ou un fragment d'idée que l'on avait formulé, il vous empêchait de sombrer dans l'opacité ou de vous noyer dans l'archaïsme involontaire. Plus important encore, il parvenait à vous faire croire que vous aviez pensé tout cela par vous-même.

Durant ses dernières années, Yerushalmi semblait vouloir transmettre ce qu'il avait accumulé au fil des années, tout en étant conscient que son temps et son énergie étaient désormais comptés. Il citait souvent ce dit talmudique: «Plus encore que le veau veut téter, la vache veut l'allaiter[1].» Rabbi 'Aqiva le prononça alors que, enfermé dans une geôle romaine pour avoir enfreint l'interdit pesant sur l'étude de la Torah, il avait reçu la visite de l'un de ses disciples, Shim'on bar Yoḥai, venu dans l'espoir qu'il lui transmette un enseignement: cette sentence lui permettait d'expliquer son refus sans mettre sa vie en danger. Mais l'insistance du disciple était si pressante qu'il lui communiqua néanmoins cinq maximes, dont la première était: «Si tu veux être étranglé, pends-toi à un arbre élevé» – ce qui, selon certains commentaires médiévaux, signifie «Si tu veux enseigner, trouve un grand maître et transmets ses enseignements en son nom». Tous les étudiants de Yerushalmi se sont effectivement pendus à ce grand arbre. (Je me plais à imaginer qu'il aurait accepté joyeusement cette métaphore lugubre, car il aimait aussi plaisanter, disant par exemple qu'un jour il écrirait un mémoire sur sa tragédie dentaire qu'il intitulerait *Die Geschichte meiner Zähne*, «L'histoire de mes dents» – évidemment en allemand parce que, déclarait-il, cela sonne mieux.)

En 1985, Yerushalmi fut invité à prononcer l'élégie du grand historien de la Méditerranée, Shelomo Dov Goitein. Il choisit de citer une lettre de condoléance que le poète espagnol Shemu'el ibn Naghrilla «ha-Nagid» (ca. 993-1056) avait envoyée au grand talmudiste

---

1. Talmud de Babylone, *Pesaḥim* 112a.

Ḥanan'el ben Ḥushi'el de Qayrawān (ca. 981-1053) après la mort de son père[1]. La lettre commence ainsi : « Mon maître sait bien, quoique sa tristesse soit aussi profonde que la mer car son père a été rappelé auprès de l'assemblée des armées célestes, que ce n'est pas que pour lui que la vie a été ôtée et la lampe éteinte, *car à la mort d'un sage tous deviennent une famille.* » Yerushalmi avait alors accentué la dernière phrase. Si l'on devait évaluer la grandeur d'un homme au sentiment qu'ont ses disciples d'appartenir après sa mort à une même famille, alors nous avons tous perdu un grand sage. Nous ne pourrons trouver de consolation qu'en poursuivant le travail qu'il pensait que nous étions capables d'accomplir, bien avant que nous le sachions nous-mêmes.

---

1. Je remercie Adina Hoffman et Peter Cole de m'avoir rappelé cette anecdote quelques jours après la mort de Yerushalmi en 2009.

5.

L'histoire juive pour mémoire

Sylvie Anne Goldberg

« C'est en salle de cours qu'il s'inscrit dans le rôle juif le plus traditionnel, celui du maître. Là, le lien entre Yerushalmi et le passé juif se tisse dans toute sa dimension, parfois chaleureuse et nourrissante, parfois austère et exigeante. Et cela émane aussi de l'atmosphère générale qu'il produit, où la recherche académique est inséparablement liée à des questions personnelles. »

John Efron[1] caractérise l'attitude de Yerushalmi face au travail de l'historien en soulignant l'implication personnelle qu'il estimait indispensable d'accorder à la recherche. Pour sa part, Yerushalmi n'hésitait d'ailleurs pas à confesser que son engagement dans l'histoire juive était ancré dans un questionnement existentiel soulevé par sa propre judéité[2]. Un tel aveu aurait pu laisser présager qu'il orienterait ses travaux vers des directions un peu liées à sa propre histoire. Or, on le sait, non seulement il n'en a

---

1. J. EFRON, « Yosef Hayim Yerushalmi : The Teacher », dans CARLEBACH, EFRON, MYERS, 1998, *Jewish History and Jewish Memory*, p. 454.
2. Voir l'un de ses rares entretiens avec Y. Kaplan et S. Volkov, Y.H.Y., 2005.

rien été, mais plus encore on serait presque tenté de croire qu'il n'a cessé de chercher à s'en éloigner. Pourtant on constate, et toute son œuvre en témoigne, de Fernando-Isaac Cardoso à Freud en passant par *Zakhor*, que c'est la condition contemporaine des Juifs qu'il a scrutée en l'analysant dans toutes ses dimensions faites de contrastes et d'ambiguïtés, de rejets et de fidélités.

Yerushalmi avait treize ans en 1945. Son enfance s'est achevée sous l'ombre du cataclysme qui a obscurci le xxe siècle et balayé d'un trait nombre d'idées et de principes devenus encombrants à propos des valeurs de l'humanité et sa course infinie au progrès. On pourrait donc s'étonner que *Zakhor*, qui analyse si finement la fonction exercée par l'histoire et le rôle de la mémoire collective en monde juif, esquive avec art toute référence explicite à la Shoah. Il y a là une énigme que je voudrais essayer de résoudre, en considérant quelques-uns de ses écrits traitant de la conception exigeante qu'il se faisait de la tâche de l'historien.

Sans vouloir lui attribuer des propos qu'il n'aurait pas tenus ou des intentions qu'il n'aurait pas exprimées, il me semble que ses différents écrits laissent néanmoins discerner une position sans détour à cet égard. On pourrait commencer par les dernières lignes de son maître ouvrage publié en 1971, *De la Cour d'Espagne au ghetto italien*, dont l'épilogue s'achève par le rappel de l'épitaphe que la communauté de Vérone a fait inscrire devant l'arche de la vieille synagogue[1] :

---

1. Y.H.Y., 1987, *De la Cour d'Espagne*, p. 467.

Voici les larmes des opprimés et ils n'ont pas de consolateur
(Ecclésiaste, IV, 1).
Pour les victimes sans défense,
Déportées de Vérone
Infime fragment d'un immense holocauste
De six millions de Juifs
En proie à la barbarie nazie.
En avertissement éternel à la postérité,
La communauté juive de Vérone
Dédie cette pierre.

Un autre texte, moins connu en France, permet, pour
partie, d'entrevoir sa position à l'égard de la Shoah, et
surtout sa manière de la situer au sein de l'histoire juive.
En juin 1974, il avait été invité à participer à une rencontre intitulée *Auschwitz : Beginning of a New Era?*, qui
s'était tenue dans la cathédrale St. John The Divine à
New York[1]. Son rôle consistait, en tant que spécialiste de
l'histoire juive, à commenter l'intervention de Rosemary
Ruether[2], théologienne du christianisme et militante
féministe. Alors qu'elle avait dressé un réquisitoire sévère
à l'encontre de l'Église, attaquant la théologie chrétienne
en l'accusant d'avoir pavé la voie – si ce n'est prêté la
main – à la destruction des Juifs d'Europe au XXe siècle,
Yerushalmi commença par qualifier d'emblée sa prestation

---

1. Y.H.Y., 1977, «Response to Rosemary Ruether», p. 97-107;
Y.H.Y., 1991 (1), trad. française: «Persécution et préservation: une
réponse juive à Rosemary Ruether», p. 112-125.
2. Un mois auparavant, ils s'étaient déjà rencontrés lors d'une conférence de médiévistes, et Yerushalmi avait ouvert le symposium et entendu
son réquisitoire: Y.H.Y., 1979, «Medieval Jewry: From Within and From
Without», p. 1-26.

d'«irréprochable», avant de la réfuter impitoyablement, comme il aimait parfois à le faire, en démontant les faiblesses de l'argument idéologique face à la raison historique. Inversant les données de la question, il avait ainsi démontré que cette même théologie, prise dans l'ambiguïté de ses principes d'opprobre et de préservation des Juifs, leur avait justement permis de parvenir jusqu'au XXe siècle, alors qu'il eût suffi que l'Église prenne la simple décision de les «éradiquer» pour les «faire disparaître de l'histoire». Fidèle aux enseignements de son maître, Salo W. Baron, il utilisait là l'argument selon lequel la période nazie ne pouvait en rien être considérée comme une régression vers le Moyen Âge, puisque les Juifs avaient, somme toute, bénéficié d'une position privilégiée dans la société féodale[1]. En guise de conclusion, Yerushalmi adressait ce qu'il appelait son «J'accuse personnel» à Pie XII, dont le silence marquait, selon lui, la faillite de la position séculaire maintenue par les papes dans la protection de la vie des Juifs.

On peut poursuivre l'enquête. Invité, en 1987, à participer au colloque de Royaumont portant sur «Les usages de l'oubli», peu avant de conclure ses propres «Réflexions sur l'oubli», Yerushalmi saisit l'occasion de préciser sa pensée à propos du rôle que l'historiographie devrait exercer. Si elle ne peut se substituer à la mémoire, affirmait-il, sa vocation «dans le monde qui est le nôtre, son impératif moral» est d'assurer la garde «contre les

---

1. Voir son article devenu le classique plaidoyer contre l'histoire qu'il avait qualifiée de larmoyante : BARON, 1928, «Ghetto and Emancipation», p. 515-552.

militants de l'oubli, les trafiqueurs de documents, les assassins de la mémoire, contre les réviseurs des encyclopédies et les conspirateurs du silence[1]». Et si l'on avait encore des doutes sur l'objet de sa vindicte, ses phrases de conclusion en prise avec l'actualité française de l'époque, c'est-à-dire le procès Barbie, les balaient en proposant comme antonyme au terme «oubli» non pas «mémoire», mais «justice».

Moins d'une décennie plus tard, en 1993, Yerushalmi exposait à un public allemand un texte intitulé «Serviteur des rois et non serviteurs des serviteurs». Après avoir présenté un panorama de l'histoire politique des Juifs, il en profita pour revenir sur quelques données historiques qu'il lui importait de rappeler, notamment le fait que jamais un souverain ou un pape n'aurait eu la volonté d'exterminer les Juifs. Puis il s'engagea dans la polémique soulevée par Hannah Arendt à propos de la collaboration des *Judenräte* avec le pouvoir nazi. Comme nombre d'autres lecteurs qui s'en étaient également offusqués, Yerushalmi s'éleva contre la contribution que le texte de Arendt apportait à «l'effacement de plus en plus au goût du jour de la distinction entre victimes et bourreaux[2]». Mais, détail plus intéressant pour mon enquête, il ajouta: «Je sais seulement que la destruction des Juifs d'Europe, voilà un demi-siècle, est devenue désormais une composante de l'expérience historique des Juifs et de leur mémoire collective, qu'il en résulte quelque chose de décisif[3].»

---

1. Y.H.Y., 1988, «Réflexions sur l'oubli», p. 19.
2. Y.H.Y., 2011, *Serviteur des rois*, p. 73.
3. *Ibid.*, p. 78.

Comment alors devrait-on comprendre la discrétion de *Zakhor* au sujet de cette composante décisive – la destruction des Juifs d'Europe – de la mémoire collective? Une hypothèse simple – et qui peut être exacte – serait de voir là l'effet du passage du temps: entre 1981 – date de l'achèvement de l'ouvrage – et 1993, Yerushalmi aurait eu le loisir d'approfondir ses hypothèses sur la mémoire collective juive contemporaine. D'autant que, comme il l'indique dans la préface à la seconde édition américaine de 1989, il ne s'était nullement préparé à ce que ce petit recueil rencontre une audience d'une telle ampleur, ce qui, si tel avait été le cas, aurait – qui sait? – pu l'inciter à développer certains éléments sur lesquels il n'avait pas jugé utile de s'attarder.

Il est toutefois possible d'aborder autrement ce silence. En examinant, par exemple, le rôle que Yerushalmi assigne à l'histoire dans le chapitre de *Zakhor* intitulé «Notre époque et ses dilemmes». Au XIXᵉ siècle, écrit-il, l'émergence de la science historique juive avait coïncidé avec le déclin de la mémoire du groupe, elle avait alors incarné «la foi de Juifs perdus», l'histoire allant même jusqu'à pouvoir être érigée «en juge du judaïsme»[1]. Mais, dans le temps présent, tandis que, forte de ses expériences et de ses erreurs passées, l'histoire juive se présente à rebours de cette vision de l'unicité, sous les dehors de la «multiplicité et de [la] relativité», à qui, à quoi peut-elle désormais servir, se demandait-il? Car, au-delà de ceux qui restent dans le cercle enchanté d'une histoire dirigée par la Providence et qui ne sollicitent le passé que pour y retrouver son éter-

---

1. Y.H.Y., 1984, *Zakhor*, p. 103.

nelle contemporanéité, l'examen du passé juif ne peut ni s'imprimer sur le présent ni offrir un parcours agréable dans le temps. Pour illustrer son analyse de cette attitude antihistorique qu'il estime être dominante, Yerushalmi utilise dans *Zakhor* le personnage littéraire de Yudka, héros d'une nouvelle de l'auteur israélien Haim Hazaz[1]. Rejetant délibérément la course de l'histoire des Juifs qui s'est déroulée loin de leur terre, Yudka se retrouve, tel un funambule, hissé sur un mince fil suspendu au-dessus d'un vide creusé entre la chute de la citadelle de Massada et le retour à Sion. Car, pour lui, cet intervalle de deux millénaires, qui s'étend entre les deux événements et ne véhicule qu'un long cauchemar, ne doit pas être enseigné : il ne mérite que d'être enjambé, jeté aux oubliettes de la mémoire. Ce faisant, en refusant l'idée que l'on puisse transmettre à des enfants qui n'ont rien connu de pareil ce pan de l'histoire, Yudka veut devenir étranger à son passé et couper les liens qui le rattachent à une mémoire collective : pour Yerushalmi, il est une figure du contemporain qui affronte le silence d'un présent incommensurablement dénué de sens, et auquel ni le passé ni l'histoire n'ont plus rien à proposer.

Face à une telle ambivalence se pose la question de la tâche de l'historien. Suffirait-il, interroge Yerushalmi, que, pour se faire entendre, il ouvre les vannes à une histoire tissée plus par la richesse et la vitalité de la vie juive en exil que par ses tribulations et ses productions intellectuelles ? Non pas, car la posture acrobatique du contemporain ne

---

1. H. Hazaz, 1968, *Ha-derashah* (le sermon), Y.H.Y., 1984, *Zakhor*, p. 113-117.

l'incite pas plus à se mettre en quête de continuités. Ce dont il a besoin, ce qu'il est en droit d'exiger de l'historien, clame Yerushalmi dans ces pages à l'accent grandiloquent, c'est qu'il lui fasse entrevoir la manière dont les Juifs ont triomphé des épreuves, surmonté les ruptures, dépassé les failles, afin de lui permettre de « comprendre que rien de ce qui avait de la valeur avant que ne surgissent les ruptures n'a été sauvé ou ne s'est métamorphosé, mais qu'au contraire tout a bel et bien disparu[1] ».

La lecture suggérée ici de ces quelques pages de Yerushalmi peut être erronée. Et il ne peut évidemment pas la récuser ; mais la vision qu'il expose d'un paysage de décombres qui frémissent, d'un néant sur lequel se fraient les pas du contemporain me semble être aussi diserte qu'un ample discours. Le silence de *Zakhor* pourrait précisément être la source – ou plus encore la béance – à partir de laquelle a jailli sa réflexion sur la place de la mémoire et de l'histoire. En effet, dès lors que le passé n'offre plus aucun sens dans le présent, à quoi serviraient encore les historiens ? À montrer peut-être, comme le poursuit la phrase, que « de ce qui a été perdu sur le bord de route de l'histoire quelque chose peut souvent, grâce à nos redécouvertes, trouver sens à nos yeux[2] ».

Zakhor ne s'étend guère sur ce qui a été laissé en bord de route ni sur ce qui pourrait bien faire sens aux yeux de ses contemporains. C'est ailleurs qu'il faut aller chercher, et les « Réflexions sur l'oubli » entrouvrent une piste. Parmi les trois citations utilisées par Yerushalmi

---

1. Y.H.Y., 1984, *Zakhor*, p. 118.
2. *Ibid.*

pour faire saisir à ses lecteurs ce qu'il entend par le terme
«tradition», la deuxième est un étrange dit talmudique:
«Quand nos maîtres pénétrèrent dans le Vignoble de
Yabneh, ils dirent: la Torah est destinée à être oubliée en
Israël[1].» Lieu symbolique et de mémoire par excellence,
«forteresse dressée contre l'oubli[2]», l'Académie de Yabneh
est, on ne saurait s'y tromper, une métaphore de la recom-
position opérée par le peuple juif après la destruction du
Temple et la perte du royaume. En effet, le judaïsme, en
tout cas celui qui nous a été transmis, est presque entièrement le fruit de son inspiration et du travail qui y a
été engagé. Et de ce qui a pu alors être laissé de côté, le
Talmud laisse à peine soupçonner les vestiges!

Ces quelques éléments laissent aisément percevoir que
l'absence de référence à cet «élément décisif» qu'est la
Shoah dans l'œuvre de Yerushalmi ne saurait être attri-
buée à de l'inattention ou pire à un déni, et encore moins
à une forme de minimisation. À l'inverse, probablement,
cette lacune devrait être comprise à l'image de ces cata-
strophes qui n'ont rien laissé en partage à leurs survivants:
«Aujourd'hui, le monde juif est à la croisée des chemins»,
affirmait-il encore[3]! Méfiant, par nature, à l'égard des
postures prophétiques, et rétif, par principe, aux certi-
tudes toutes faites, Yerushalmi s'est bien gardé de suggérer
quelles directions ces chemins pourraient ouvrir. Et il ne
s'est jamais caché non plus de ne pas être en mesure de les
envisager. Il m'avait, en effet, confié lors de nos entretiens:

---

1. TB *Chabbat* 138a.
2. Y.H.Y., 1988, *Usages de l'oubli*, p. 13.
3. Y.H.Y., 1984, *Zakhor*, p. 116.

«Je ne sais pas très bien comment et jusqu'à quel point on doit se remémorer la Shoah; mais ce que je sais, c'est que l'hyper-accentuation de l'Holocauste m'a toujours mis mal à l'aise. Tout d'abord pour la distorsion qu'elle fait subrepticement subir à l'histoire juive; ensuite, pour les conséquences qu'elle a sur l'identité des Juifs américains, laquelle est aujourd'hui fondée, pour autant que je puisse en juger, sur deux uniques éléments dont aucun ne tient à une créativité indigène: la Shoah et Israël, avec un poids particulier accordé à la Shoah. Voilà tout le contenu de cette identité. Je n'ai jamais fait un cours spécifique sur l'Holocauste, je l'ai toujours abordé dans le cadre d'un cours annuel sur l'histoire juive moderne. Je refuse d'enseigner la manière dont les Juifs sont morts à des étudiants qui n'ont pas la moindre idée – même sans remonter très loin dans le temps – de la manière dont ils ont vécu[1].»

Il n'est probablement pas nécessaire de prolonger l'interprétation. De toute évidence, Yerushalmi a profondément réfléchi sur le contenu de sa propre identité, mais aussi sur celui de celle des gens qu'il côtoyait. La solide culture juive dans laquelle il était ancré lui avait permis de démêler les fils entrelacés des modes de transmission d'une tradition séculaire. Mais, si elle n'a pas suffi à le protéger des désenchantements de l'histoire, elle lui a toutefois permis de saisir, mieux que quiconque, les impasses où s'engouffre un présent qui n'est que tension entre anéantissement et rupture. Et, en un sens, on pourrait presque se demander si l'une des clefs de la réflexion qu'il a menée sur la mémoire et l'histoire ne se trouve-

---

1. En 2005, voir Y.H.Y., 2012, *Transmettre l'histoire juive*, p. 115-116.

rait pas dissimulée sous une observation rapide, glissée au détour d'une phrase, que l'on aurait pu croire rédigée presque comme en passant : « L'historiographie n'est pas une tentative pour restituer la mémoire, mais représente un genre réellement nouveau de mémoire[1]. » Accorder à l'histoire – tout en concédant qu'elle ne suppléerait jamais la mémoire – ce statut de « nouveau genre de mémoire » était-ce une gageure présomptueuse ? La question devra, forcément, rester ouverte. On ne peut cependant s'empêcher de penser que c'est ce à quoi Yerushalmi s'est attaché : faire pénétrer dans la mémoire – si ce n'est dans l'histoire – des éléments rémanents du passé en remettant à leur place des éléments épars, glanés dans l'histoire ; rappeler à une théologienne chrétienne que l'attitude de l'Église à l'égard des Juifs les a protégés durant le Moyen Âge, en est un exemple ; montrer que les *Judenräte* s'étaient leurrés quant à leurs relations avec les nazis en se fiant à leur mémoire collective en est un autre.

Un dernier aspect, peut-être l'un des plus fascinants qu'offre la lecture des œuvres de Yerushalmi, tient au caractère universel de sa manière d'aborder l'histoire juive. En effet, en dehors des éléments d'ordre factuel qui ne concernent que les Juifs, les processus qu'il analyse sont immédiatement transposables à tous les groupes sociaux. Le fait d'être parvenu à faire d'un élément d'une histoire singulière un phénomène d'histoire universelle lui valut probablement de gagner l'accueil qu'il reçut dans le monde intellectuel. Paul Ricœur, Jacques Derrida, Élisabeth Roudinesco, Carlo Ginzburg, Jan

---

1. Y.H.Y., 1984, *Zakhor*, p. 111.

Assmann furent parmi ses lecteurs, mais l'empreinte que la lecture de l'œuvre de Yerushalmi laisse sur les esprits dépasse cette brève énumération. Car, débordant du cadre de l'université, le phénomène de la transformation de la mémoire et de l'histoire qu'il fut l'un des premiers à décrire pénétra profondément les réflexions de chacun de ses lecteurs sur sa propre identité. C'est probablement grâce au talent particulier de Yerushalmi que l'histoire des Juifs est un peu sortie de l'insularité, et que, dans ses aspects contemporains, elle est désormais entrée dans une historiographie partagée.

L'aspect existentiel de l'entreprise de Yerushalmi ne se réduit pas à son questionnement sur le rôle et la tâche de l'historien dans le monde d'aujourd'hui. Il tient également dans une interrogation toujours plus actuelle : après l'émancipation des Juifs, après l'anéantissement du monde d'hier par la Shoah, et après la création de l'État d'Israël, l'histoire juive serait-elle parvenue à son terme ? Et devrait-on, alors, la remiser au rang des accessoires à évoquer « pour mémoire » ? Cette inquiétude vaut pour le destin du judaïsme, tout autant que pour le travail historiographique. Car ce constat d'une histoire devenue accessoire de la mémoire ne doit-il pas être dressé plus généralement pour l'histoire de tous ?

À ceux qui ne l'ont pas connu, la lecture d'un recueil d'hommages offre aussi l'occasion de découvrir un auteur autrement que par la simple discussion de son œuvre. C'est la raison qui m'incite à raconter ici ma rencontre avec ce personnage, aussi abrupt qu'attachant. En 1984, la sortie de la traduction française de *Zakhor* fut un véritable événement dans le petit monde des Études juives locales qui étaient encore très isolées. Il était d'ailleurs tout à fait exceptionnel qu'un titre récemment publié aux États-Unis sorte en France à peine deux ans après son lancement. Des épreuves de l'ouvrage avaient circulé et leur lecture apportait un air vivifiant, rafraîchissant l'histoire des Juifs et la faisant regarder d'un œil neuf, en même temps qu'elle faisait sérieusement réfléchir sur sa fonction comme sur son avenir.

Invité à intervenir au colloque des intellectuels juifs, Yosef Hayim Yerushalmi présentait dans la foulée, le 5 décembre 1984, son *Zakhor* dans les locaux de la revue *Esprit*, rue Jacob. C'était encore l'époque où, lorsque les universitaires israéliens ou américains rencontraient des jeunes chercheurs français ambitionnant d'effectuer des travaux sur l'histoire des Juifs, ils ne pouvaient empêcher leur regard de se teinter de commisération. M'armant de courage, je décidai de surmonter ma timidité et de me présenter en dépit de puissantes appréhensions. Yerushalmi – on le sait, mais alors je n'en savais rien – avait la fâcheuse habitude de soumettre ceux qu'il rencontrait à dure épreuve, leur faisant passer (ou non) un véritable examen d'entrée dans son cercle. Dans cette petite pièce, il n'y avait pas moyen d'échapper à son regard aussi sombre qu'inquisiteur, tandis qu'il faisait mine de m'interroger négligemment : «Hum, vous connaissez l'hébreu? Vous pratiquez des langues juives? Vous pouvez les lire?» L'étape préliminaire n'était pas encore vraiment franchie. Il fallut ensuite affronter le véritable test, qui consista en une discussion menée autour des sources que j'utilisais. Mais le courant passa ensuite par l'échange de quelques phrases en hébreu et en yiddish : une longue amitié –

probablement issue de sa stupéfaction – en résulta. Elle fut nourrie, des années durant, par ses séjours successifs à l'École des Hautes Études en Sciences Sociales où François Furet l'avait invité à enseigner, puis par des échanges de lettres, de textes (les miens avant publication, les siens après) et au fil de nombreuses conversations menées lors de rencontres de part et d'autre de l'Atlantique. Cette amitié fut renforcée par la découverte de ses étudiants et, finalement, par l'impression de faire partie, grâce à eux, d'une sorte de confrérie. C'est peut-être en pensant à cette confrérie formée par ceux qui l'ont croisé que Yerushalmi avait écrit que l'une des tâches de l'historien devrait consister à « construire un pont qui conduise à son peuple[1] ». Ses écrits constituent à la fois une mine à creuser et un legs à diffuser. Et si l'on voulait poursuivre la tâche historienne, les travaux qu'il a laissés à notre disposition, la pensée qu'il a su généreusement distribuer peuvent encore servir de guides utiles pour mieux la redéfinir. Pour autant, et même si l'on ne peut s'empêcher de se demander si l'histoire juive doit persévérer, ne serait-ce que « pour mémoire », il ne sera pas si difficile de découvrir dans l'immensité de ce qui a été laissé au bord de la route des questions qui pourraient ouvrir encore de nouveaux chemins à l'histoire et aux réflexions ordinaires.

---

1. Y.H.Y., 1984, *Zakhor*, p. 116.

II.

LES RÉCEPTIONS

6.

Marranisme et Inquisition : modernités dans le monde ibérique

Nathan Wachtel

En écho aux beaux exposés présentés ce matin par Yosef Kaplan et mes collègues, je voudrais montrer à mon tour combien Yosef Hayim Yerushalmi fut pionnier en tant qu'historien non seulement de la modernité marrane, mais encore de la modernité du système inquisitorial ibérique, autrement dit combien il innova non seulement dans le vaste champ des Études juives, mais encore dans celui de l'histoire générale.

Les contributions respectives du phénomène marrane, d'une part, de l'institution inquisitoriale, d'autre part, à l'émergence de la modernité en Occident sont d'ordre certes très différent, mais elles apparaissent étroitement liées l'une à l'autre, comme l'envers et l'endroit d'un devenir partagé. Aussi importe-t-il d'étudier ces modernités dans leurs relations réciproques, de combiner les deux perspectives, celle des victimes et celle des persécuteurs, d'examiner ce qui relie les actions et les réactions des uns et des autres, afin de mettre au jour l'engrenage qui les entraîne tous dans son mouvement. Or c'est en vue d'un tel programme que Yosef Hayim Yerushalmi ouvrit véritablement la voie.

I.

La modernité du marranisme comprend elle-même plusieurs dimensions, qui s'imbriquent également les unes dans les autres

1. Au départ : la modernité socio-économique. Dès le premier chapitre de son ouvrage sur Isaac Cardoso, *De la Cour d'Espagne au ghetto italien*, Yerushalmi présente en une synthèse remarquablement dense et claire le milieu social des « Hommes de la Nation », dont Cardoso est issu. Quelques traits essentiels suffisent à mettre en évidence les immenses novations introduites par ces « Homens da Nação » : pour la première fois dans l'histoire, sur des distances jusqu'alors inconnues, dans le contexte des grandes découvertes, se créent des réseaux commerciaux à échelle véritablement planétaire, fondés sur des liens de parenté, de clientèle et de crédit. Soit une diaspora composée de membres de même origine ethnique et de confessions religieuses ouvertement différentes, mais partageant une mémoire commune, ainsi que le sentiment d'appartenir à une même collectivité :

> On pouvait trouver des membres de mêmes familles vivant au Portugal comme Nouveaux Chrétiens, en France comme Portugais, et en Hollande, en Italie et dans l'Empire ottoman comme Juifs. Loin d'être un obstacle cette dispersion et la différence d'appartenances religieuses des divers membres de la même famille donnaient à ceux-ci souvent un avantage décisif sur leurs concurrents dans le commerce international[1].

---

1. Y.H.Y., 1987, *De la Cour d'Espagne*, p. 18.

Ces considérations ouvraient des perspectives que devaient ensuite approfondir et enrichir de nombreux travaux, notamment ceux de Yosef Kaplan lui-même, de Jonathan Israel, de Gérard Nahon, et de bien d'autres chercheurs.

L'on sait par ailleurs que les Nouveaux-Juifs d'Amsterdam, de Venise ou de Livourne pouvaient être amenés, par la gestion de leurs affaires, à revenir en Espagne, au Portugal ou dans les colonies ibériques, et à reprendre le masque chrétien. Ces dédoublements d'identité nous font passer tout naturellement à la modernité marrane dans le domaine de l'histoire intellectuelle et religieuse.

2. Le thème de la dualité de personnalité, du « déchirement de la conscience » marrane, selon la formule de Carl Gebhardt, est illustré par la longue carrière de Fernando Cardoso lui-même en Espagne (puisque celui-ci n'émigre en Italie, pour devenir Isaac, qu'à l'âge de quarante-quatre ans). Et Yerushalmi suit la brillante intégration de Fernando dans la société espagnole, plus particulièrement à la Cour de Madrid, au point d'obtenir le titre de « médecin du roi ». Il restitue ainsi les paradoxes d'un auteur mondain, fréquentant les académies et les salons, qui d'un côté composait un sonnet en l'honneur de Lope de Vega, un autre à la louange de Philippe IV, ou encore un panégyrique de la couleur verte selon la mode baroque de son temps, et qui d'un autre côté publiait des ouvrages savants sur le Mont Vésuve ou l'utilité de l'eau : Fernando accède ainsi à une vraie célébrité, tandis que sous ces masques déjà changeants il s'efforce de s'instruire sur la religion juive à travers une lecture critique, à sens inversés,

des textes chrétiens, notamment ceux des Pères de l'Église et de la littérature anti-juive la plus polémique. Quant à l'analyse par Yerushalmi des propos de Spinoza sur la survivance du peuple juif, les excellents commentaires de Yosef Kaplan me dispensent d'en dire davantage sur de grands auteurs et, si vous me le permettez, je prendrai la liberté de présenter l'exemple d'un personnage moins célèbre, pour une « histoire vue d'en bas ».

Voici donc le cas de Francisco Botello, contemporain de Fernando Isaac Cardoso : il est né en 1594 en Andalousie, dans une famille portugaise, mais son destin fut plus tragique puisqu'il mourut sur le bûcher, à Mexico, en 1659. Le chroniqueur de l'autodafé le décrit de la manière suivante :

> Francisco Botello, le Juif le plus endurci de tous ceux qui furent châtiés pendant tant de siècles par le Saint-Office, sans qu'on ait pu lui faire prononcer le nom de Jésus ni celui de la Très Sainte Vierge, se laissa brûler vivant[1].

Cependant, malgré cette description, nos sources nous permettent de faire un tableau plus complexe. C'est ainsi que, lorsque Francisco Botello veut affirmer sa foi en la Loi de Moïse, il emploie des aphorismes qui ne se réfèrent pas seulement au Dieu d'Israël. Ainsi :

> Que chacun soit ce qu'il est : avec qui je vais, je vais ; de qui je suis, je suis[2].

---

1. J. T. MEDINA, 1987, *Historia del Tribunal del Santo Oficio de la Inquisición*, p. 309 ; N. WACHTEL, 2001, *La Foi du souvenir*, p. 228.

2. B. LEWIN (éd.), 1975, *Confidencias de dos criptojudios*, p. 95 ; WACHTEL, 2001, *La Foi du souvenir*, p. 180.

Pour Francisco Botello, l'identité ne se réduit pas à celle de l'individu isolé : elle se définit en fonction du groupe où il est né, auquel le rattachent des liens de solidarité et dont il reçoit un héritage qu'il doit assumer. Cette dimension collective de l'identité marrane est précisément désignée par le terme de « ceux de la Nation ».

De cette définition de l'identité résulte une conséquence très remarquable, car elle s'applique logiquement à tous les groupes humains, de sorte que dans sa généralité elle légitime toutes les fois religieuses : la foi juive pour les Juifs, la foi chrétienne pour les chrétiens. Ce n'est pas tout. Le « Juif le plus endurci » qu'est Francisco Botello est marié avec une vieille-chrétienne, Maria de Zarate. Et quand il veut faire l'éloge de son épouse, il emploie une expression curieuse :

> Si tout ce qu'elle fait dans sa loi, elle le faisait dans la nôtre, elle serait une sainte et serait canonisée[1].

Le mari et la femme ont certainement discuté entre eux de leur foi respective et semblent s'être mis d'accord sur une sorte de parallélisme, une manière d'œcuménisme pratique. De son côté, Maria de Zarate fait écho à son mari en usant un autre vocabulaire, mais c'est la même idée qu'elle exprime :

> Dieu le Père n'est pas en colère contre ceux qui servent Dieu le Fils, et Dieu le Fils n'est pas non plus en colère contre ceux qui servent Dieu le Père[2].

---

1. LEWIN (éd.), 1975, *Confidencias,* p. 174 ; WACHTEL, 2001, *La Foi du souvenir,* p. 200.

2. LEWIN (éd.), 1971, *La Inquisición en Mexico,* p. 61 ; WACHTEL, 2001, *La Foi du souvenir,* p. 206.

Ainsi, de la tension vécue entre les deux religions, christianisme et judaïsme, résulte souvent dans les milieux marranes un sens inédit de la relativité des croyances : on peut assurer son salut (souci surtout chrétien) dans l'une et l'autre Loi, dans la Loi de Jésus et dans la Loi de Moïse. D'où s'ensuivent les idées, modernes en effet, de tolérance et de liberté de conscience.

II.

De cette notion de tolérance, on passe par inversion directe à son opposé, l'intolérance, et à la modernité des Inquisitions ibériques. De fait, malgré les apparences, les Inquisitions ibériques sont des institutions pionnières et créatrices, au même titre que l'ennemi que, par définition, elles ont vocation de combattre (puisqu'elles ont été fondées en Espagne et au Portugal dans le but explicite d'éradiquer l'hérésie judaïsante des *conversos* ou nouveaux-chrétiens).

1. Revenons à Fernando Cardoso : si celui-ci ne fut pas personnellement inquiété par l'Inquisition, il ne manqua pas cependant de la rencontrer au cours de son itinéraire espagnol. Il fut convoqué en effet, en mars 1634, à Madrid, devant un tribunal inquisitorial en tant que témoin dans le procès d'un riche négociant nouveau-chrétien, Bartolomé Febos. Cette comparution ne signifiait certes pas que Cardoso fût lui-même impliqué dans l'affaire en jugement. Yosef Hayim Yerushalmi relève néanmoins que le nom de Fernando Cardoso « fut recopié peu après dans un autre dossier, la minutie bureaucratique

étant le propre de l'Inquisition[1]». Il ajoute que les inquisiteurs compilèrent ensuite les listes des témoins cités en faveur d'accusés portugais emprisonnés par le Saint-Office et que dans ces listes figurait le nom de Cardoso. Il précise encore que, parmi les témoins qui avaient comparu en faveur de Bartolomé Febos, «au moins trois furent par la suite poursuivis par l'Inquisition[2]».

Vous avez remarqué au passage l'observation de Yerushalmi: «la minutie bureaucratique étant le propre de l'Inquisition». Si ses travaux dans leur ensemble ne portent pas sur le système inquisitorial en tant que tel, il importe cependant de rappeler que Yerushalmi lui a consacré un important article: il s'agit d'un de ses premiers travaux, sans doute même du tout premier, car le texte de «The Inquisition and the Jews of France in the Time of Bernard Gui», publié en 1970, avait été rédigé dès 1964[3]. Et plus qu'un article de revue, c'est un «essai» (comme le qualifie son auteur) de quelque soixante pages, où Yerushalmi développe une analyse qui met déjà en évidence les premiers linéaments de ce que j'ai désigné ailleurs comme «la logique des bûchers».

Certes, l'étude de Yerushalmi, comme son titre l'indique, traite de l'Inquisition en France à l'époque médiévale, et plus particulièrement de Bernard Gui, Inquisiteur de Toulouse de 1307 à 1323, et auteur d'un important *Manuel pratique (Practica),* en grande partie repris dans le fameux *Manuel des Inquisiteurs* compilé et rédigé quelques décennies plus tard

---

1. Y.H.Y., 1987, *De la Cour d'Espagne,* p. 126.
2. *Ibid.,* p. 127.
3. Y.H.Y., 1970, «The Inquisition and the Jews of France», p. 317-376.

(en 1376) par le Catalan Nicolau Eymerich, puis publié en 1578 par l'Espagnol Francisco Peña. Or Yerushalmi insiste précisément sur le fait que l'Inquisition française du XIVe siècle, dans ses rapports avec les Juifs (expulsés du Royaume de France en 1306, puis 1322), préfigure les développements ultérieurs du système inquisitorial en Espagne, puis au Portugal. «De manière surprenante», précise Yerushalmi, cette Inquisition française est comme «l'archétype de l'Inquisition espagnole pour les affaires juives[1]».

De la longue étude de Yerushalmi sur cette Inquisition française médiévale, je retiendrai ici deux points:

– le premier résulte de l'examen détaillé du procès d'un autre Baruch, un judéo-convers relaps, devant le tribunal présidé par Jacques Fournier, évêque et Inquisiteur de Pamiers (qui devait devenir le pape Benoît XII). Ce Baruch avait été converti de force par des bandes de pastoureaux et contestait la validité de son baptême. L'analyse de son procès par Yerushalmi met en évidence la rigueur de la procédure, l'habileté des investigations, la logique implacable des attendus et de la sentence[2].

– le deuxième point est extrait du *Manuel* compilé par Bernard Gui. Au cours de son étude, Yerushalmi relève tout particulièrement, dans les formulaires d'interrogatoire, les questions qui concernent non l'accusé, mais les personnes autres que l'accusé: car on demande à celui-ci d'indiquer qui l'a incité à revenir au judaïsme, avec qui il a judaïsé, et de signaler tous ceux qui comme lui-même sont devenus

---

1. *Ibid.*, p. 318: «There is surprisingly little in the theoretical, procedural, and even the practical approach of the Spanish Inquisition to Jewish affairs for which we cannot find the archetype in the earlier Inquisition.»

2. *Ibid.*, p. 328-333.

relaps. Les formules d'abjuration comportent de même, outre l'engagement du condamné «réconcilié» à ne pas retomber dans l'hérésie, le serment de dénoncer à l'Inquisition tous les judaïsants dont il aurait connaissance.

Par la mise en place d'un système de délation généralisé, les méthodes inquisitoriales (qui remontent, comme l'on voit, à bien des siècles en arrière) s'avèrent pionnières et préfigurent la rationalité policière des régimes totalitaires contemporains : ce sont les inculpés eux-mêmes qui sont contraints de s'accuser et de se dénoncer les uns les autres, de sorte qu'ils doivent s'intégrer eux-mêmes dans l'engrenage de la répression et se faire complices de leur propre persécution.

2. À l'appareil bureaucratique de surveillance et de répression, constitué par les réseaux de tribunaux, les Inquisiteurs, commissaires, notaires, greffiers, bourreaux, médecins, familiers (soit des milliers d'agents encadrant efficacement les populations), vient s'ajouter dans le monde ibérique une autre novation, pionnière elle aussi de pratiques tristement contemporaines : il s'agit des statuts de pureté de sang.

Yosef Hayim Yerushalmi effectue, à leur propos, un rapprochement entre le monde ibérique de l'époque moderne et l'Allemagne du XXe siècle. Son «Essai de phénoménologie historique comparée», publié en 1982, porte un titre parfaitement explicite, et même provocateur : «Assimilation et antisémitisme racial : le modèle ibérique et le modèle allemand[1]». Yerushalmi se garde bien d'éta-

---

1. Y.H.Y., 1998, «Assimilation et antisémitisme», p. 255-292.

blir un «lien de causalité» entre le stigmate ibérique du sang juif et le racisme nazi; «mais c'est justement, ajoute-t-il, ce qui fait l'intérêt et la pertinence de cette étude»: les analogies entre les deux phénomènes, si éloignés dans l'espace et dans le temps, n'en sont que plus suggestives[1].

Les statuts de pureté de sang sont en effet en contradiction avec la doctrine paulinienne, on ne peut les justifier par des raisons religieuses puisque les nouveaux-chrétiens ont, par définition, reçu le baptême. Mais ils restent soupçonnés de foi impure: et comment expliquer leur tendance irrépressible à verser dans l'hérésie judaïsante sinon par leur hérédité, par un effet inéluctable du sang impur qu'ils ont reçu de leurs ancêtres? C'est ce que déclare le *Dictionnaire des Inquisiteurs*, à l'article «Apostasie»: «Les Juifs se transmettent de père en fils avec le sang la perfidie de la vieille loi[2].» En d'autres termes, le baptême n'efface pas la souillure du sang impur, et l'on passe ainsi d'un antisémitisme religieux à un antisémitisme racial, à fondement biologique. Ce que Yosef Yerushalmi résume par cette excellente formule: «La pureté du sang en vint à se substituer à la pureté de la foi[3].»

Je me permets de rappeler que, dans les tribunaux de l'Inquisition, pendant plusieurs siècles, l'une des premières questions posées à un inculpé soupçonné d'hérésie judaïsante, après celle de son identité, était la suivante: «À quelle caste appartenez-vous?» C'était le terme consacré: l'on distinguait entre la «caste» des vieux-chrétiens et la

---

1. *Ibid.*, p. 256, p. 277.
2. L. SALA-MOLINS (éd.), 1981, *Le Dictionnaire des Inquisiteurs*, p. 78.
3. Y.H.Y., 1998, «Assimilation et antisémitisme», p. 271.

« caste » des « nouveaux-chrétiens ». Dans les dictionnaires de l'époque, le terme de « caste » est quasi équivalent à celui de « race ». Et l'on relève dans les procès, avec la diffusion des mariages mixtes, des indications telles que « moitié de nouveau-chrétien », « quart de nouveau-chrétien », « huitième de nouveau-chrétien » ; puis, au fil du temps, quand il devient plus difficile de suivre les généalogies, on se contente de : « en partie nouveau-chrétien[1] ».

Le rapprochement entre les statuts ibériques de pureté de sang et les lois de Nuremberg était déjà au moins implicite dans l'ouvrage d'Yitzhak Baer, *Galout*, publié en 1936 à la Schoken Verlag de Berlin. (Et ce fut une heureuse initiative de notre ami Maurice Kriegel de demander à Yerushalmi de rédiger une préface à l'édition française de *Galout*[2].) Quant à la comparaison explicite de Yerushalmi entre « le modèle ibérique et le modèle allemand », elle se fonde sur le postulat d'une équivalence fonctionnelle entre la conversion massive dans le monde ibérique à la fin de l'époque médiévale et le processus d'émancipation, puis d'assimilation dans l'Allemagne contemporaine. « Ainsi donc, précise-t-il, notre examen nous amène à considérer essentiellement deux problèmes parallèles : l'absorption des "nouveaux-chrétiens" et celle des "nouveaux-Allemands" dans leurs sociétés d'accueil respectives[3]. »

Je ne peux entrer maintenant dans plus de détails et, du rapprochement opéré par Yerushalmi entre l'Allemagne et le monde ibérique, je retiendrai une suggestion

---

1. WACHTEL, 2009, *La Logique des bûchers*, p. 22-23.
2. Y.H.Y., 2000 ; Y. F. BAER, 2000, *Galout*.
3. Y.H.Y., 1998, « Assimilation et antisémitisme », p. 278.

qui me paraît essentielle, à savoir la possibilité d'étendre le concept même de marranisme au-delà de son champ spatial et temporel d'origine. Avec l'audace novatrice qui lui est propre, Yerushalmi n'hésite pas à affirmer, dans sa préface à l'édition française de *Galout* : « L'assimilation n'a pas résolu les tensions avec les sociétés ambiantes ; tout au plus a-t-elle créé une multitude de marranes modernes[1]. »

Il ne s'agit évidemment pas de diluer le concept de marranisme dans une notion vague qui engloberait des phénomènes si différents que leur rapprochement n'aurait plus aucune pertinence. Mais à condition de préciser en quel sens et suivant quelle problématique on emploie le terme (comme le faisait Yerushalmi lui-même dans son « essai de phénoménologie historique comparée », et comme le faisait également Richard Popkin, de son côté, lorsqu'il qualifiait de « marrane », hors du champ de l'histoire juive, la pensée théologique de Isaac La Peyrère[2]), à condition donc d'allier inventivité et rigueur, l'extension du concept de marranisme au-delà de son domaine d'origine peut s'avérer extrêmement féconde. En ouvrant ces perspectives, Yosef Hayim Yerushalmi faisait encore œuvre de pionnier.

---

1. Y.H.Y., 2000, « Sur Baer et *Galout* », p. 39.

2. R. H. POPKIN, 1973, « The Marrano Theology of Isaac La Peyrère », p. 97-126 ; *ID.*, 1987, *Isaac La Peyrère* ; WACHTEL, 2007, « Théologies marranes », p. 69-100 ; *ID.*, 2011 (2), « The "Marrano" Mercantilist Theory of Duarte Gomes Solis », p. 164-188.

7.

Un Américain à Paris : Yosef Yerushalmi
à l'École des Hautes Études en Sciences Sociales

Nancy L. Green

L'événement semble à la fois proche et lointain. La venue de Yosef Yerushalmi à l'École des Hautes Études en Sciences Sociales, entre 1987 et 1995, correspondait aux débuts de la renaissance des Études juives en France. Cause ou effet ? J'aimerais proposer trois séries de remarques autour de celui que l'on a affectueusement appelé Yosef : d'abord, un rappel du contexte franco-américain ; puis, un bref résumé de ses cours à l'École des Hautes Études en Sciences Sociales ; et enfin, je poserai la question suivante : dans quelle mesure son séjour représente-t-il la quintessence de la migration des idées, de l'importation d'une méthode et d'une érudition « à l'américaine », voire de l'invention d'une tradition d'études exportée vers la France ?

Comme pour l'Italie, il faut d'abord situer « le moment Yerushalmi » dans le double contexte de l'époque – américain et français –, afin de comprendre l'importance de la réception de ce chercheur américain en France. Aux États-Unis, la « renaissance ethnique » battait son plein. Dans la foulée des turbulences des années 1960, l'intérêt pour l'histoire des groupes minoritaires, africains-américains d'abord, *« Ethnic Whites »* (les Blancs d'origine «ethnique», essentiellement d'origine européenne) ensuite[1], a eu un impact sur le développement de l'histoire des Juifs. Le champ des Études juives, jusque-là essentiellement cantonné dans l'érudition, et dont Yerushalmi était lui-même un exemple hors pair, s'élargit[2]. Le temps était venu d'un intérêt et d'une diffusion plus larges, phénomène plus culturel que religieux, marqué par la mise en route d'Études juives dans un grand nombre d'universités américaines. Les études sur le judaïsme et les Juifs rejoignaient ainsi l'engouement pour les enseignements dans les domaines des études afro-américaines, de l'histoire des femmes, bientôt des *« Ethnic Studies »* (hispaniques, asiatiques) tous azimuts. En ce qui concerne les Études juives, déjà bien présentes dans les grandes métropoles de l'est du pays, notamment à New York et à Boston, le mouvement s'étend à travers le pays dans les années 1970. Au-delà de ceux qui enseignaient le judaïsme ou l'hébreu dans les départements des *« Religious Studies »* ou de langues, des professeurs d'anglais (John Felstiner à l'Université de Stanford, par exemple) ou d'histoire (Mark Mancall à Stanford, George Mosse à l'Université de Wisconsin, à Madison), initialement spécialistes de poésie, d'histoire chinoise, ou d'histoire culturelle allemande, s'y sont mis, proposant de nouveaux thèmes sur différents aspects de l'histoire ou de la culture juive. On crée

---

1. Trois livres, entre autres, marquent cette époque: N. GLAZER et D. P. MOYNIHAN, 1963, *Beyond the Melting Pot* ; M. NOVAK, 1972, *The Rise of the Unmeltable Ethnics* ; A. HALEY, 1976, *Roots*.
2. Voir sa bibliographie en annexe.

de nouveaux cours de yiddish avec les moyens (souvent excellents) du bord. Ainsi, tandis que son mari, Arcadius Kahan, professeur d'histoire économique russe à l'Université de Chicago, dirige une thèse en histoire des Juifs (la mienne[1]), sa femme initie toute une nouvelle génération au yiddish. La demande est telle que l'on invite des chercheurs de la côte Est à faire des conférences sur la côte Ouest pour y répondre. C'est de cette manière que les conférences données par Yerushalmi à l'Université de Washington, à Seattle, sont à l'origine de son livre *Zakhor, Jewish History and Jewish Memory*. Ceux qui, comme lui, labourent depuis longtemps divers champs des Études juives deviennent les vedettes de ce regain d'intérêt de jeunes étudiants universitaires en quête de leurs « racines ».

En France, on observe un mouvement similaire, avec peut-être un léger décalage chronologique. Là où l'on réapprend le yiddish, l'italien ou le croate parmi la troisième génération des enfants d'immigrés aux États-Unis, en France, ce sont plutôt les mouvements régionaux – et les cours de breton – qui marquent la décennie de l'après 1968. Pour les Juifs de France, déjà fortement transformés par l'accroissement démographique dû à l'arrivée massive des Juifs d'Afrique du Nord, plusieurs événements vont renforcer ce renouveau identitaire : la Guerre des Six Jours, la bombe à la synagogue de la rue Copernic, en 1980, et la sortie du silence (relatif) quant à l'Holocauste, marquée entre autres par le film de Claude Lanzmann, *Shoah*, en

---

1. N. L. Green, 1980, « Class Struggle in the Pletzl : Jewish Immigrant Workers in Paris, 1881-1914 », qui donnera lieu à Green, 1985, *Les Travailleurs immigrés juifs à la Belle Époque* ; et Green, 1986, *The Pletzl of Paris*.

1985. Quelques livres s'inscrivent également dans ce processus : *Être un peuple en diaspora* de Richard Marienstras[1], *Le Juif imaginaire* d'Alain Finkielkraut[2], *Juifs et Israélites* de Dominique Schnapper[3]. Quantité de cours fleurissent par la suite dans les milieux universitaires ou en dehors : cours talmudiques pour non-initiés, cours d'hébreu, cours de yiddish, voire de ladino ou de judéo-espagnol. Shmuel Trigano crée le Collège des Études juives *(Beth Hamidrash)*, à l'Alliance Israélite Universelle, en 1986, et la plupart des éditeurs créent des collections, scientifiques ou littéraires, portant sur des thèmes juifs[4]. Et, comme aux États-Unis, ceux qui représentaient depuis longtemps le domaine des Études juives érudites, comme Bernhard Blumenkranz, Gérard Nahon ou la *Revue des Études juives*, vont trouver de nouveaux lecteurs, et l'INALCO accueillir de nouveaux étudiants.

C'est dans ce contexte, au milieu des années 1980, que l'École des Hautes Études en Sciences Sociales cherche a créer un programme d'Études juives, grâce aux efforts de son président François Furet (et de son bras droit, Jacques Revel)

---

1. R. MARIENSTRAS, 1975, *Être un peuple en diaspora* (préfacé par Pierre Vidal-Naquet).

2. A. FINKIELKRAUT, 1980, *Le Juif imaginaire*.

3. D. SCHNAPPER, 1980, *Juifs et Israélite*.

4. Par exemple, rien que pour les années 1980 : aux Éditions du Cerf, les collections « Patrimoines-Judaïsme » (1983) et « Tôledôt-Judaïsme » (1988), cette dernière dirigée par Jean Baumgarten et Jacques Rolland ; aux Éditions du Seuil, « Domaine yiddish » (1987), dirigé par Rachel Ertel ; ou les ouvrages sur l'histoire juive publiés par Pierre Birnbaum, dans sa collection « L'Espace du politique », chez Fayard. Elles rejoignent les collections plus anciennes telles que « Diaspora », dirigée par Roger Errera chez Calmann-Lévy, ou « Présence du judaïsme », chez Albin Michel.

et avec l'aide précieuse de la Fondation du Judaïsme français[1]. C'est alors la Fondation du Judaïsme français qui dote l'École de moyens pour monter un ambitieux programme permettant d'inviter chaque année, pour un mois, plusieurs chercheurs étrangers, programme que j'ai eu l'honneur et le plaisir de diriger pendant longtemps. Quelle chance pour une Américaine à Paris de recevoir un condensé des meilleurs professeurs en Études juives des États-Unis et d'Israël, même s'il fallait s'occuper parfois de tout, jusqu'à dénicher une cafetière ou d'autres objets domestiques dans les appartements de location. Michel Abitbol, Amos Funkenstein, Raul Hilberg, Simon Schwarzfuchs, Emmanuel Sivan, Zeev Sternhell, Yirmiyahu Yovel, pour ne mentionner que ceux-là, sont venus pour le bonheur intellectuel et amical de tous, invités, invitants et étudiants.

Yosef arrive pour la première fois en mai 1987 et il va, pendant presque une décennie, proposer un concentré de ses cours américains, démarrant avec un grand classique, un peu audacieux pour le contexte : enseigner aux Français l'histoire des Juifs en France avec un premier séminaire intitulé « Les origines de l'émancipation des Juifs » (tenu en mai-juin 1987), suivi, en 1989, au moment du bicentenaire de la Révolution française, d'un « Épilogue à l'émancipation : Napoléon et les Juifs ». Plus tard, en 1993, il donnera une série de conférences intitulées « Une histoire du débat juif avec Dieu, de la Bible à Franz Kafka », et on peut voir, parmi ses autres intitulés de cours, qu'ils reflètent des intérêts qu'il cultive depuis longtemps : « Le messianisme juif : croyances, idées, mou-

---

1. Qu'elle soit remerciée encore une fois ici.

vements», en 1988 ou encore «Exil et expulsion dans l'histoire juive[1]». Il lui est également arrivé de présenter ses recherches en cours. Le séminaire «Freud, Moïse, judaïsme», donné en 1990, offre une avant-première de son *Freud's Moses: Judaism Terminable and Interminable*, qui sortira en anglais en 1991 et deux ans plus tard en français. Une version de ses conférences intitulées «Les Juifs et "l'alliance royale" – aspects de l'histoire politique des Juifs» (1995) vient de paraître en 2011, grâce, encore une fois – j'y reviendrai – à Éric Vigne[2].

C'est en plein milieu de son parcours parisien que Yerushalmi propose de revenir sur le thème qui l'avait rendu célèbre en France: «Penser l'histoire juive: périodisation et interprétation» (1991), ce qui conduit à s'interroger sur les regards parallèles échangés entre la France et l'Amérique. Sa contribution sur les questions de mémoire et la façon de penser l'histoire juive a été inestimable, peut-être davantage en France qu'aux États-Unis (où le champ des Études juives était nourri par plus de chercheurs). On saura gré à Éric Vigne de l'avoir fait découvrir au public français et d'avoir été son traducteur, son éditeur et son ami pendant des années[3].

---

1. 1992, dont un extrait du film enregistré à cette occasion a été diffusé pendant la journée d'hommages qui lui a été consacrée le 3 avril 2011.

2. Y.H.Y., 2011, *Serviteurs des rois*, ouvrage issu d'une conférence donnée à la Fondation Carl Friedrich von Siemens, Munich, le 19 octobre 1993.

3. Vigne a d'abord publié *Zakhor* aux Éditions La Découverte (en 1984 – soit deux années après l'édition italienne – puis l'a réédité chez Gallimard

Les éditions françaises de l'œuvre de Yerushalmi suivent la carrière éditoriale d'Éric Vigne. C'est une rencontre entre deux hommes qui a été heureuse pour l'auteur, l'éditeur/traducteur et les lecteurs, sans oublier les maisons d'édition.

Oserais-je donc demander: est-ce pour autant que Yosef Yerushalmi ou Éric Vigne sont les acteurs d'un «impérialisme universitaire américain» ou tout au moins des importateurs de nouveautés en France? Yerushalmi a importé à Paris son érudition, son savoir et son style. Leur collaboration, entre auteur et éditeur, a été un modèle en termes de migration des idées. L'importance de l'œuvre de Yosef Yerushalmi et la valeur intrinsèque de ses travaux sont sans conteste. En même temps, cela est tombé à point nommé. Mais Yosef a également réimporté aux États-Unis des interrogations nouvelles. Mouvements parallèles et échanges franco-américains donc. D'une part, on peut parler d'un mouvement trans-Atlantique synchrone. Au cours d'un déjeuner mémorable (pour moi en tout cas) qui réunissait Yosef, François Furet et Pierre Nora, Nora et Yerushalmi ont eu la politesse ou la chevalerie de constater que chacun était un précurseur dans le thème de la mémoire dans son pays, et chacun dans son domaine respectif – sans essayer d'en tirer la primauté. Ils exprimaient une vraie joie intellectuelle devant le constat de cette importante simultanéité. D'autre part, au cours de ses multiples visites, Yosef, subtil observateur de la vie intellectuelle parisienne, exprimait non seulement

en 1991), il a également édité *De la Cour d'Espagne au ghetto italien* chez Fayard en 1987, puis *Le Moïse de Freud* chez Gallimard en 1993.

ce qu'il pensait avoir apporté à la France mais aussi ce que la France lui avait apporté. Ravi de l'accueil qui lui était réservé en France – y compris une photographie le montrant sous un angle selon lui «très français», imperméable et regard intense à l'appui –, il était impressionné par la vivacité du débat français. Qui d'autre, m'a-t-il confié, amusé et impressionné à la fois, aurait pensé, après l'engouement pour la mémoire, à faire un colloque sur l'oubli[1]?

La migration des idées était en fait une circulation d'échanges. Les Études juives lui doivent beaucoup, aux États-Unis comme en France. Elles se seraient sans doute développées en France sans lui, mais le «moment Yerushalmi» fut riche de rencontres, et il a apporté un souffle inestimable à ce domaine en France.

---

1. Y.H.Y., 1988, «Réflexions sur l'oubli».

8.

Yerushalmi en Allemagne – l'Allemagne en Yerushalmi

Michael Brenner

Lorsque je suis arrivé en Allemagne, au printemps 1997, Yosef Hayim Yerushalmi était sur le point de terminer son séjour de *fellow* de la Fondation Siemens. Il logeait dans la résidence des Sœurs Pallottines de l'Apostolat catholique, et une tendresse mutuelle s'était établie entre eux. Pour célébrer leurs adieux, elles avaient préparé dans leur cour un banquet spectaculaire de salades bibliques. Sous leur croix monumentale, Wolfgang Heuss, le traducteur de Yosef en allemand, le couronna d'une grande toge de doctorat artisanale, qui était supposée représenter l'Université de Salamanque, mais qui, aux yeux de certains invités, ressemblait plutôt à un capuchon d'Inquisiteur espagnol. Scène étrange pour quelqu'un qui n'avait connu que le Yerushalmi de Fayerweather Hall de l'Université de Columbia.

Cet été-là, Yerushalmi rentra à Riverside Drive muni d'un vrai doctorat *honoris causa* de l'Université de Munich et riche des nombreuses amitiés qu'il avait nouées durant l'année. Par la suite, il revint à Munich et en Allemagne, invité presque chaque année pour des conférences ou

pour des concerts donnés par sa femme, Ophra. Il prononça ainsi une conférence à la Fondation Siemens, reçut
le prestigieux prix Lucas de l'Université de Tübingen et
vint même pour des visites privées.

C'était pourtant cet homme qui, lorsque je pénétrai
pour la première fois dans sa salle de cours à la fin des
années 1980, n'avait jamais mis un pied en Allemagne.
Il m'avait parlé des invitations qu'il avait reçues auparavant et de celles qu'il recevait encore durant mes études
à Columbia, auxquelles il ne pouvait jamais répondre
parce qu'il était malade, trop occupé ou parce que le
temps était trop froid. Il me semblait évident qu'il ressentait une profonde résistance psychologique à se rendre
en Allemagne, d'ailleurs typique de sa génération de Juifs
américains, et je n'aurais pas pensé qu'elle pût céder en
un si bref laps de temps.

C'était alors l'époque où Yerushalmi, Juif américain
porteur de l'héritage de l'Europe de l'Est, qui avait consacré sa vie à l'étude des Juifs séfarades, était le président de
l'Institut Leo Beck, dédié à la mémoire du judaïsme allemand. C'était aussi l'époque où Yerushalmi écrivait son
Moïse de Freud, seul livre dans son œuvre à se rattacher à
l'histoire des locuteurs juifs de langue allemande. J'étais
alors son assistant de recherche, et il m'avait demandé de
fouiller un peu les archives de Berlin, afin de déchiffrer
quelques manuscrits quasiment illisibles et de vérifier
l'exactitude de certaines expressions allemandes de son
manuscrit. J'ai remarqué par la suite (et surtout durant ses
dernières visites à Munich) que son allemand était excel-
lent – peut-être pas équivalent à son yiddish maternel,
qu'il avait une fois qualifié de «superbe» –, car il ne se

contentait pas de pouvoir bien lire, il pouvait également discuter librement dans cette langue qu'il affirmait n'avoir jamais vraiment étudiée. Je ne saurais dire si la version qu'il m'a présentée, selon laquelle il avait appris l'allemand en lisant le *Docteur Faustus* de Thomas Mann, est crédible, mais il est certain qu'il tenait la littérature allemande, et en particulier ce roman, en haute estime.

Après ces observations personnelles, il est temps d'évoquer les publications allemandes de Yerushalmi et leur réception en Allemagne, ainsi que les liens académiques qu'il y a noués.

Il peut paraître étrange que ses essais aient été rassemblés et publiés pour la première fois en Allemagne (sous le titre *Ein Feld in Anatot*), et ce, dès 1993 (d'ailleurs à ce jour, s'ils existent en un volume français, paru en 1998, aucun n'est encore paru en anglais). Yerushalmi en était lui-même surpris, comme il l'a écrit dans la préface : « Lorsque j'ai choisi ma profession, je n'aurais jamais rêvé que le premier recueil de mes articles paraisse en traduction allemande, et en Allemagne. Cela confirme ma conviction que l'histoire est toujours ouverte, qu'elle n'est pas déterminée et reste imprévisible[1]. »

Il peut probablement paraître encore plus surprenant, pour des chercheurs habitués aux éditions universitaires anonymes, d'apprendre que l'éditeur allemand de Yerushalmi, qui avait publié cinq ans auparavant la tra-

---

1. Y.H.Y., 1993 (1), *Ein Feld in Anatot*, p. 9 : « *Bei meiner Berufswahl hätte ich mir nie träumen lassen, daß eine Sammlung einiger meiner Essays zuerst in deutscher Übersetzung und in Deutschland erscheinen würde. Darin bestätigt sich für mich im Kleinen meine Überzeugung, daß die Geschichte immer offen, nicht determiniert und unvorhersehbar ist.* »

duction de *Zakhor* et avait entrepris également celle de *Ein Feld in Anatot*, n'était autre que l'excentrique Klaus Wagenbach. Ce dernier était, et est encore, l'enfant terrible de la scène publique allemande. Spécialiste de Kafka, il en a fait l'un des thèmes de la maison d'édition qu'il a fondée en 1964. Cette petite maison prestigieuse se spécialisa ensuite dans la publication d'œuvres littéraires espagnoles et allemandes, mais elle publia également d'importants ouvrages d'histoire culturelle, dont ceux de Carlo Ginzburg, Natalie Zemon Davis, Georges Duby et bien d'autres. Klaus Wagenbach joua, en outre, un rôle crucial dans la gauche allemande des années 1960. Il avait déclaré « la conscience historique, l'anarchisme et l'hédonisme » au principe de sa politique éditoriale. Ayant publié le manifeste du groupe terroriste de la Fraction Armée Rouge, il fut traîné en justice en 1974. Deux ans plus tard, il prit la parole lors des funérailles de l'une des plus célèbres terroristes allemandes : Ulrike Meinhof. Assagie ces dernières années, sa maison d'édition est toujours fière de se qualifier sur son site internet d'« éditeur indépendant pour lecteurs sauvages[1] ».

Divers essais de Yerushalmi furent publiés par différents éditeurs, même avant leur parution anglaise : en 1995, Siemens publia *Diener von Königen und nicht Diener von Dienern (Serviteurs des rois et non serviteurs des serviteurs)* ; en 1999, ce fut *Spinoza und das Überleben des jüdischen Volkes* (« Spinoza et la survivance du peuple juif », qui n'était paru qu'en hébreu chez LMU). Et, en 2006, son dernier essai, paru en édition bilingue : *Israel,*

---

1. « *Der unabhängige Verlag für wilde Leser.* »

the Unexpected State. Jewish Messianism and the Zionist Revolution (Israel, der unerwartete Staat), qui, à l'origine, était le texte de la conférence qu'il prononça lors de sa réception du prix Leopold Lucas de l'Université de Tübingen. Yerushalmi affirme dans celui-ci que le sionisme et la création de l'État d'Israël, loin de s'inscrire dans la continuité du déroulement de l'histoire juive, en marquent la rupture. Le sionisme, y avançait-il, était également une forme de rébellion contre le messianisme traditionnel.

La seconde édition de son *Moïse de Freud* fut publiée par la vénérable maison d'édition S. Fischer. Yerushalmi dut y accorder une valeur sentimentale, car c'était justement Fischer qui avait publié les œuvres de Thomas Mann, y compris le *Docteur Faustus*. À présent que ni *Zakhor* ni son *Moïse de Freud* ne sont plus disponibles, le lecteur allemand ne peut accéder qu'à son recueil d'essais.

Quant à ses partenaires intellectuels, qui furent-ils en Allemagne ? Je ne mentionnerai ici que quatre noms, qui sont importants dans différents contextes. Tout d'abord, Johannes Fried, le médiéviste de Francfort, à l'invitation duquel Yerushalmi accepta de se rendre dans les années 1990 – c'était la première fois qu'il mettait le pied en Allemagne. Fried est connu pour ses approches interdisciplinaires et notamment pour ses études qui se situent au carrefour de la psychologie et de l'histoire, un peu comme celles de Yerushalmi. Lorsque Yerushalmi était en Allemagne, Fried était alors président de l'Association des historiens allemands. Il peut être utile de mentionner également que Fried reçut le prix Sigmund Freud en 1999. Le travail de l'égyptologue Jan Assmann, qui fut l'un de ses collègues allemands, manifeste également une proximité indéniable avec le sien. Son premier livre sur la mémoire collective[1] ainsi que le suivant, *Moïse l'Égyptien*[2], montre une relation étroite tant avec *Zakhor* qu'avec le *Moïse de Freud* de Yerushalmi, sans que l'on puisse se prononcer sur le fait qu'il y aurait eu quelque influence mutuelle. Assmann avait rédigé un bon compte rendu du *Moïse de Freud*, dans la *Frankfurter Allgemeine Zeitung*, et les deux hommes se sont rencontrés pour la première fois peu de temps après, lors d'un colloque que j'avais organisé au château d'Elmau. Le texte agressif que Yerushalmi y prononça pour répondre à celui de son ancien étudiant, David Myers, concernant sa position dans l'historiographie juive ne fut d'ailleurs jamais publié qu'en allemand, dans les actes de ce colloque *(Jüdische Geschichtsschreibung heute)*[3].

Deux autres universitaires de Munich doivent être mentionnés : Heinrich Meier, l'hôte de Yerushalmi à la Fondation Siemens, lui-même éditeur du recueil des essais de Leo Strauss, et Jen-Malte Fischer du département de théâtre de l'Université de Munich, qui partageait avec Yerushalmi deux centres d'intérêts privilégiés : l'histoire de la musique et l'histoire de l'antisémitisme. Fischer est l'auteur d'une édition critique du *Judaïsme dans la musique* rédigé par Wagner ainsi que de la biographie définitive de Gustav Mahler[4].

---

1. J. ASSMANN, 1992, *Das kulturelle Gedächtnis*.

2. ASSMANN, 1998, *Moses der Ägypter*; ID., 2001, *Moïse l'Égyptien, un essai d'histoire de la mémoire*.

3. Y.H.Y., 2002 (1), «Jüdische Historiographie und Postmodernismus», p. 75-94.

4. J.-M. FISCHER, 2000, *Richard Wagners 'Das Judentum in der Musik'*; ID., 2003, *Gustav Mahler*.

Il ne s'agit pas ici simplement d'établir une liste de noms: en réalité, il me semble important de montrer que les affinités de Yerushalmi ne se sont pas portées sur des collègues labourant le même champ disciplinaire. En mentionnant un médiéviste, un égyptologue, un philosophe et un musicologue, je crois éclairer ses approches multidisciplinaires, et surtout son intense curiosité pour des aires situées hors de sa spécialité. Loin de rechercher la compagnie de collègues proches de son domaine, il profita de son séjour à l'étranger pour s'ouvrir à d'autres horizons.

Avant de conclure, j'aimerais ajouter un mot sur la réception de son œuvre en Allemagne. Bien que certains de ses travaux aient déjà été publiés avant son arrivée à Munich, il était loin d'y avoir la renommée qu'il s'était déjà acquise aux États-Unis ou en France, où il avait régulièrement enseigné et où il jouissait d'une grande popularité. La presse avait largement commenté tous ses livres en allemand – et je ne parle pas de revues académiques, mais bien de la grande presse – et avait même mentionné jusqu'à ses prix dans ses colonnes culturelles. Un intérêt un peu disproportionné s'était développé autour de la question du sionisme et d'Israël. On peut y voir la raison pour laquelle le texte de sa conférence de Tübingen, sur Israël et le messianisme, a tant retenu l'attention. Ulrich Hausmann, dans son compte rendu de *Ein Feld in Anatot* pour la *Süddeutsche Zeitung*, s'attarda sur la relation de Yerushalmi avec le sionisme. Il y remarquait, ce qui reste douteux, que «Yerushalmi entend la diaspora [...] comme la caractéristique permanente de l'histoire juive, et en raison de cette description positive, il ne peut être tenu pour un sioniste[1]». Cette conférence de Munich a été décrite dans un article qui rend assez bien l'atmosphère dans laquelle elle s'était déroulée. Au cours de la discussion, le public «oublia l'historien pour rechercher le prophète politique chez l'universitaire américain. Celui-ci évita, avec un solide sens de l'humour, d'exprimer toute prophétie. Il plaida pour une cohabitation pacifique dans un État laïc et pour un messianisme passif, sans pierre, ni violence, ni meurtre[2]».

Serenus Zeitblom, narrateur du roman allemand favori de Yerushalmi, s'interroge ainsi, après l'ouverture du camp de Buchenwald:

«Est-ce pure hypocondrie de se dire que l'Allemagne entière, même l'esprit allemand, la pensée allemande, la parole allemande sont atteints par ce dénudement déshonorant, remis en question? [...] Comment à l'avenir l'Allemagne sous quelque forme que ce soit osera-t-elle ouvrir la bouche quand il s'agira des problèmes concernant l'humanité[3]?»

Telles étaient donc les différentes strates de la société faustienne qui fascinait Yerushalmi lorsqu'il vint à la rencontre de la culture allemande du XXᵉ siècle. Il n'a jamais écrit sur la Shoah et il enseignait à ses étudiants que l'histoire de la Shoah devait être étudiée dans le cadre

---

1. U. HAUSMANN, «Ferne ist nicht Leere. Yosef H. Yerushalmis Probleme mit der jüdischen Geschichte», *Süddeutsche Zeitung*, 3 novembre 1993, p. 909.

2. E.-E. FISCHER, «Zwischen den Zeiten. Yosef Hayim Yerushalmis Israel-Vortrag in München», *Süddeutsche Zeitung*, 9 novembre 1996, p. 18.

3. Th. MANN, 1950, *Le Docteur Faustus*, p. 568.

de l'histoire générale et non pas dans celui des Études juives. Cette prise de position à l'égard de l'étude de la Shoah, qu'il voulait placer hors des cursus académiques de l'histoire juive, résulte peut-être d'une approche émotionnelle de la question. Il en va probablement de même de son rapprochement avec l'Allemagne. Il lui avait fallu longtemps pour mettre le pied dans ce pays. Après qu'il l'eut fait, sa fascination pour la culture allemande, qui avait engendré nombre de ses héros – de Freud à Kafka en passant par Scholem – et avait néanmoins conduit la destruction du judaïsme européen, s'est transformée en un investissement intellectuel qui a perduré durant les dernières décennies de sa vie.

9.

Yerushalmi, dit Yosef

Éric Vigne

Je ne suis, contrairement aux autres orateurs, ni judaïsant, ni exégète, encore moins historien. Je suis traducteur. C'est à ce seul titre que j'interviens aujourd'hui, pour évoquer celui qui se prénommait Yosef.

Je vous lis, dans une version française, l'hommage que je fus invité à prononcer à la cérémonie commémorative à l'Université Columbia, le 2 mars 2010.

Il est près de minuit, heure française. Je viens d'apprendre le décès de Yosef. J'appelle immédiatement son épouse, Ophra, et m'entends encore lui dire : « Ophra, je me sens orphelin. » Ces mots, je ne les avais pas prémédités afin d'exprimer peine ou réconfort, ils me vinrent à l'esprit dans leur évidence nue. Depuis lors, je ne cesse de chercher à en comprendre le sens.

Nous avions, Yosef et moi, une relation fondée, je l'espère, sur la confiance, parce que je demeure l'éditeur de l'essentiel de ses ouvrages en France ; sur l'amitié, je n'en doute pas, car il me demanda souvent de traduire ses ouvrages, articles et conférences ; mais en aucun cas sur un rapport père-fils.

Ainsi, orphelin ? Le terme doit s'entendre à proportion de l'importance que Yosef et moi accordons à la chose écrite et au livre. Comme dans toute histoire juive, le sens se dévoile dès le commencement.

À la fin des années 1970, l'éditeur François Maspero, qui avait accompagné toute l'histoire de l'extrême-gauche en France et à l'étranger, décida de cesser ses activités. L'heure intellectuelle, à Paris, était, une fois encore, à brûler les idoles de la veille, puis à vider l'eau du bain avec le bébé. François Gèze, qui voulait assurer une continuité du catalogue des Éditions Maspero, me demanda de le rejoindre pour préserver le bébé : en l'occurrence un solide fonds d'ouvrages d'histoire et d'anthropologie qui permettait de mettre en perspective les événements, questions et problèmes politiques englués dans l'actualité la plus immédiate. Au regard des centaines de livres qui avaient déjà été publiés à l'époque sur le Proche-Orient, sur Israël et sur la Palestine, je forgeais la conviction qui depuis lors n'a pas varié : un ouvrage ne devient une référence nécessaire dans le temps et n'acquiert de postérité intellectuelle qu'à la condition de reformuler une question, d'ouvrir un problème à de nouveaux horizons et de dévoiler à l'intelligence du lecteur toute la complexité du monde. En d'autres termes, s'il ne vient pas se rajouter à la masse écrasante des libelles qui entendent imposer une réponse simpliste et une vision en noir et blanc.

On devine la suite : un jour que je feuilletais quelque page publicitaire annonçant les dernières parutions groupées de plusieurs petites presses universitaires américaines, je repérai un livre sur l'histoire et les mémoires juives. Pourrait-il apporter un éclaircissement sur le Proche-

Orient? Il ne me coûtait rien d'en demander un exemplaire. Ce qui advint se situe bien au-delà de la lecture ordinaire par un éditeur: ce fut, la chose est très rare, une découverte, une rencontre intellectuelle au sens d'un dévoilement brutal d'un horizon.

Au premier abord, pour qui était habitué à lire des «grandes thèses» de plusieurs centaines de page, *Zakhor* avait tout d'un joyau. En effet, sa longueur avoisinait pour ainsi dire celle des introductions et des remerciements dans lesdites thèses, et elle suffisait cependant à reformuler à frais tout à fait nouveaux une question essentielle pour les historiens, les philosophes et les anthropologues, une question existentielle pour les Juifs autant que pour les autres, comme allaient le prouver les années à venir après la chute du Rideau de fer et du Mur de Berlin. Il me parut, de plus, que cet ouvrage aiderait substantiellement les historiens à se dégager de leur enfermement dans le culte d'une «exception» française qui présupposait l'unicité du modèle suivi par toutes les autres nations. Les rapports, pour le moins ambigus, entre histoire et mémoire allaient devenir, pour toute une décennie, l'objet de réflexion des intellectuels, cependant que la communauté, au commencement, parut troublée par cette vision neuve de la continuité problématique du judaïsme en dépit du vaste nombre de «Juifs perdus».

Au temps pour les circonstances de la décision de publier *Zakhor*. Allons plus avant. Les caisses de la maison d'édition étant vides, il ne me restait plus qu'à traduire moi-même l'ouvrage. Cette tâche nocturne me permit de découvrir l'ampleur de la construction du livre; j'allais au fil des ans la retrouver dans les articles et les conférences de Yosef. Chez lui, la chronologie historique est le revêtement extérieur de l'élaboration intellectuelle d'une question qui dicte le cadre temporel des syntagmes essentiels au problème abordé. À l'encontre d'un ouvrage commun d'histoire, la chronologie n'est pas le ciment entre les briques, quelles qu'elles soient : Isaac Cardoso ou Sigmund Freud, l'expulsion d'Espagne ou l'Alliance verticale avec les rois, elle est le cercle le plus extérieur d'une compréhension d'ordre phénoménologique. L'écriture spécifique de Yosef tient à ce que l'argument se reflète jusque dans la table des matières puisqu'il donne à la démonstration sa dynamique et sa construction.

En d'autres termes, chaque fois que j'ai eu à traduire un texte de Yosef, j'eus affaire avec un Discours de la méthode. C'est en cela que se fonde aujourd'hui encore ma conviction que ses travaux dépassent largement les frontières du monde du judaïsme. Ce n'est pas parce que je devins rapidement son *Shabbes goy* éditorial en France, c'est parce que ses écrits sont, pour tout chercheur, et au niveau le plus général, des modèles d'écriture de l'histoire, des parangons de maîtrise des sources, de plongée dans la profondeur des textes au-delà de leurs circonstances de rédaction ou d'énonciation.

Voilà qui nous amène au plus intime : le rapport que Yosef entretient avec l'écriture. Maître de méthode et de questionnement (je n'ai pas dit de *pilpoul*), Yosef était comme physiquement présent dans chacun de ses mots, dans chacune de ses phrases. Il y a une respiration propre à ses textes qui dicte chaque emplacement des termes et locutions afin que ceux-ci véhiculent une signification et reçoivent en retour partie du sens global. La petitesse de leur nombre (pas d'emphase, ni de redondances, Yosef campe d'entrée dans l'essentiel) est à proportion inverse des éclaircissements qu'ils apportent. Chacun de ses lecteurs a fait l'expérience qu'il n'est pas de phrase qui n'ait un enjeu. Et quiconque a eu la chance de le connaître, de l'entendre, aura l'impression en le lisant qu'il est comme présent, à ses côtés, le temps de la rencontre avec son texte.

Ai-je donc jamais traduit Yosef ? J'ai plutôt tenté de restituer dans le rythme de la phrase française un style qui était à la fois la plume et la voix d'une personnalité exceptionnelle et suffisamment généreuse pour nous faire partager ses interrogations les plus essentielles.

Mes choix de traduction étaient dictés par la possibilité qu'à chaque instant le texte cessât d'être lu pour être dit, prononcé, tant était forte la sensation de cette présence physique de l'auteur derrière chacun de ses mots. On devine donc qu'il nous arriva, Yosef et moi – Ophra s'en souvient –, de disputer fermement au téléphone, et malgré les décalages horaires, sur l'importance d'une virgule plutôt que d'un point virgule. C'est dans ces circonstances qu'il me revenait que Yosef avait été formé au rabbinat.

Le travail de traduction de l'œuvre de Yosef revêt une importance considérable pour moi, puisqu'il impliqua que je sois à la hauteur des exigences d'un Maître de l'érudition, d'un Champion de l'intelligence du monde dont l'œuvre est laissée en héritage aux Juifs comme aux *goyim*. En cela, l'œuvre est orpheline.

Orpheline de son auteur, mais pas d'un avenir : gageons que de nouvelles générations de chercheurs en sciences humaines comme de spécialistes en *judaica* feront leur miel des travaux de Yosef et fraieront les chemins qu'il a ouverts. Il leur suffit que d'orphelines, elles deviennent disciples. Mais avec la même exigence.

III.

LES RENCONTRES INTELLECTUELLES

10.

Yosef Yerushalmi, historien des judaïsmes achkénazes et séfarades

Dominique Bourel

Il est rare de trouver chez le même historien du judaïsme une expertise commune touchant les judaïcités achkénazes et séfarades. Ce fut pourtant le cas de celui qu'honore ce volume et qui fut mon *advisor* lors de mon année d'études à Harvard[1] où j'étais aller écouter le grand spécialiste de Moses Mendelssohn qu'était Alexander Altmann, alors dans une retraite érudite au *Harvard Center for Jewish Studies*. Je fus surpris de rencontrer un spécialiste du judaïsme moderne ayant acquis une éducation tradition-nelle, notamment avec Saul Lieberman, et faisant preuve d'un appétit de connaissance insatiable, allant de Cardoso à Kafka, de la *Haggada* dans l'histoire à la psychanalyse! Très au fait de la tradition apprise à la meilleure école, une belle anecdote éclaire le rapport que Yerushalmi entre-tenait avec le grand Saul Lieberman. Alors qu'il venait d'achever son cursus au *Jewish Theological Seminary*, après une longue journée d'étude du Talmud, tard le

1. Je ne remercierai jamais assez la Fondation Arthur Sachs (Harvard Paris) d'avoir rendu ce séjour possible.

soir, Lieberman lui posa des questions sur son avenir. Yerushalmi avoua qu'il souhaitait étudier à Columbia avec Salo W. Baron, mais qu'il était hors délais pour demander une bourse. Lieberman lui dit qu'il pensait que l'*American Academy of Jewish Research* lui donnerait volontiers une aide à condition qu'il continue d'étudier le Talmud au *JTS*[1]. Ce que fit Yerushalmi. Bien plus tard, une fois devenu un grand savant, successeur de Salo W. Baron à Columbia, après la *Safra Professorship* d'Harvard, Yerushalmi apprit que l'Académie ne donnait pas de bourse et que, de façon anonyme, c'est Lieberman lui-même qui avait financé une partie de ses études[2].

J'ai pu bénéficier de sa bienveillante indulgence jusqu'à son décès ainsi que de son attention de tous les instants et de sa générosité intellectuelle. Il a rendu des générations d'étudiants sensibles aux liens parfois ténus, impensés et, en tout cas, peu visibles entre les mondes achkénaze et séfarade et entre les cultures juives et celles de la gentilité.

Or c'est dans ce courant que s'inscrivent les livres de Meyer Kayserling sur Moses Mendelssohn. Grand spécialiste des cultures hébraïques espagnoles et portugaises, Kayserling fut aussi le pionnier des études mendelssohniennes au point que ses travaux firent autorité pendant plus d'un siècle! Sa présentation aurait-elle « séfardisé » l'icône du judaïsme allemand[3] ?

---

1. Y.H.Y., 2012, *Transmettre l'histoire juive*, p. 36.

2. E. J. SCHOCHET et S. SPIRO, 2005, *Saul Lieberman*, p. 184.

3. Voir J. EHRENFREUND, 2000, *Mémoire juive*; *ID.*, 2001, «Moses Mendelssohn»; *ID.*, 2003, «La construction d'un héros juif allemand», p. 84-95. La légende de Mendelssohn est devenue un véritable champ d'études.

Né à Hanovre en 1829 et disparu à Budapest en 1905, c'est une vie laborieuse qui transparaît de sa liste de publications[1], à défaut d'une biographie plus récente et savante qui se fait attendre[2]. Kayserling reçoit une éducation traditionnelle avec Samson Raphael Hirsch (1808-1888) à Nikolsburg, Salomon Judah Leib Rapoport, connu sous son acronyme du *CHiR* (1790-1867) à Prague, et Seligmann Baer Bamberger (1807-1878) à Würzburg puis à Halle. Rabbin à Endingen en Suisse entre 1861 et 1870, c'est à Budapest, où il restera jusqu'à sa mort, qu'il va déployer tous ses talents. Très lu à l'époque pour son *Lehrbuch der jüdischen Geschichte*, dont on ne compte pas moins de dix éditions, son expertise reconnue est due aux ouvrages encore utilisés aujourd'hui, *Sephardim. Romanische Poesie der Juden in Spanien* (1859), *Geschichte der Juden in Spanien und Portugal* (1861-1867), ainsi que la *Bibliotheca espanola-portugesa-judaica* (1890), rééditée avec des prolégomènes de Yosef Haim Yerushalmi[3].

---

1. M. WEISZ, 1929, *Bibliographie der Schriften Dr. M. Kayserlings*. Voir également la notice érudite de C. L. Wilke, 2009, *Biographisches Handbuch der Rabbiner*, p. 521-522.

2. Sans doute faudrait-il attendre un savant aussi à l'aise en arabe, en hébreu, en hongrois, et dans toutes les langues européennes! Voir les gros dossiers dans les archives de la Bibliothèque nationale de Jérusalem, in-quarto 1635/150, V. 394 et la collection Schwadron; cf. aussi C. L. WILKE, 2003, *« Den Talmud und den Kant »*.

3. Strasbourg, 1890, rééd. New York, 1962 et 1971, p. VII-XIX et augmenté d'autres études de Kayserling, la bibliographie de ce dernier et une étude de J. S. Rosa. La *Geschichte der Juden in Portugal* a été traduite et mise à jour par Anita Novinsky, 1971. Voir WILKE, 2006, *Histoire des Juifs portugais*.

Dans ce texte, ce dernier soulève la question, difficile à traiter pour le monde marrane, de savoir ce qu'est un auteur juif. Comment rédiger une telle « bibliothèque » ? Par auteur, par titre, par langue ? Comment faire avec ce qui est commun aux Juifs et aux Chrétiens ? Yerushalmi propose un dossier historiographique de la question, depuis Kayserling, dont on trouve des échos dans son justement célèbre *De la Cour d'Espagne au ghetto italien.* Il offre aussi une série de pistes pour des travaux futurs, largement entamés aujourd'hui, comme les enquêtes sur le ladino dans l'Empire ottoman ou sur les lieux de découverte des manuscrits. Il n'omet pas de citer quelques mots de la dédicace de Kayserling à Moritz Steinschneider, le parangon de la recherche juive allemande :

« À qui pourrais-je, cher ami, dédier ces feuilles mieux qu'à vous ! C'est vous qui m'avez animé le premier à ce travail et c'est par votre amical encouragement qu'il a vu la lumière. Je sais bien que ma « Biblioteca » n'est pas comparable à vos excellents travaux bibliographiques, dans lesquels j'ai puisé des instructions à pleines mains. Ce qui m'en resta inconnu et ce que j'ai peut être omis, un autre le complétera avec le temps. » Moritz Steinschneider, fidèle à sa légende, ne manqua pas de le faire dans son compte rendu du *Central-Anzeiger für jüdische Litteratur*[1], mais c'est bien Yerushalmi qui fut, en quelque sorte, le continuateur de Kayserling[2].

---

1. 1890 (n° 5-6), p. 123-124.
2. Voir aussi R. TOLEDANO-ATTIAS, 2009, *L'Image des Juifs sépharades*, p. 180-191.

Kayserling commence sa carrière littéraire en publiant en 1856 un long article sur les écrivains juifs espagnols dans la revue *Jeschurun* et son premier livre *Moses Mendelssohn's philosophische und religiöse Grundsätze mit Hinblick auf Lessing dargestellt*[1]. Plus tard, le gouvernement espagnol lui demande de rédiger une étude pour le 400ᵉ anniversaire de la découverte de l'Amérique. Ce sera *Christoph Columbus und der Antheil der Juden an den spanischen und portugiesischen Entdeckungen*, paru la même année (1894) en anglais[2]. On sait que le dossier est régulièrement réouvert[3]! On lui doit aussi des études sur l'homélitique juive.

Dans une bibliographie considérable, ponctuée de nombreux articles pour la *Jewish Encyclopaedia* et les grandes revues savantes du temps, dont la *Revue des Études Juives*, on retiendra une biographie qui fit autorité pendant plus d'un siècle, *Moses Mendelssohn. Sein Leben und Wirken*[4], parue en 1862, dans laquelle il cite de nombreuses lettres inédites du philosophe dont pourtant on venait de publier les œuvres complètes (1843-1845). Il offrira d'ailleurs une petite anthologie de ses trouvailles en 1883, *Moses Mendelssohn. Ungedrucktes und Unbekanntes*, et republiera la biographie de Mendelssohn sous le même titre et chez le même éditeur en 1888.

---

1. Leipzig, 1856, avec des lettres inédites.

2. *Christopher Columbus and the Participation of the Jews in the Spanish and Portuguese Discoveries*, que Charles Gross avait traduit et augmenté, New York, 1894. La version allemande (Berlin, 1894) offrait des manuscrits inconnus alors.

3. D. Crouzet, 2006, *Christophe Colomb*, p. 24, 81-101.

4. Leipzig, 1862.

Dès sa mort, Mendelssohn devient le «saint patron» de la «symbiose» judéo-allemande en même temps qu'il se trouve au centre de polémiques plus ou moins bien instruites. Avec Kayserling, il est une sorte de docteur angélique éclairée d'une lueur arabo-andalouse. Ce portrait irénique est aussi une arme de combat et une pièce importante à verser au dossier du «rêve séfarade» des savants achkénazes, grands metteurs en scène d'une Méditerranée bénie et d'une scène de tolérance intellectuelle judéo-musulmane. Une grande partie des érudits choisirent en effet ce champ d'études, d'abord parce qu'il n'y avait pas de contentieux avec le monde musulman et ensuite pour des raisons apologétiques. Ce qui exista à Cordoue devait être possible à Berlin! On sait désormais que c'est une des explications de l'excellence de l'orientalisme islamisant juif.

Cette biographie du grand homme de la *Haskala* paraissait donc en 1862 dans une collection importante, les «Écrits de l'Institut pour la promotion de la littérature israélite», fondée par trois excellents connaisseurs[1] et publiée chez Hermann Mendelssohn (1824-1891), fils de Joseph Mendelssohn (1770-1848, lui-même fils du philosophe), célèbre éditeur de Leipzig[2]. L'ouvrage se vendit à 5 000 exemplaires, c'est la raison de la seconde édition de 1888. À sa lecture, Samuel David Luzzatto (*ShaDaL*,

---

1. Ludwig Philippson, A. M. Goldschmidt, L. Herzfeld. Voir M. KAYSERLING, 1898, *Ludwig Philippson. Eine Biographie.* Il avait préparé une anthologie des sermons de ce dernier parue après sa mort (Leipzig, 1924).

2. J. H. SCHOEPS, 2009, *Das Erbe der Mendelssohns.*

1800-1865) lui écrivit: «Vous m'avez fait connaître l'homme que j'ai aimé et admiré dès mon enfance, auquel à l'âge de dix-huit ou dix-neuf ans j'aurais voulu que Dieu eût ajouté quinze ans de vie, les ôtant de la mienne[1].» *[sic]*

Ce fort volume de 568 pages est encore aujourd'hui une lecture non seulement agréable, mais encore capitale, puisqu'il utilise des documents qui ne nous sont plus accessibles. Philosophe, critique littéraire, traducteur de la Bible, fondateur du judaïsme moderne, Mendelssohn réunit toutes les qualités. Il devient un véritable classique; sans oublier toute sa partie rédigée en hébreu, absente des œuvres complètes. Ces dernières, sous la houlette de Georg Benjamin Mendelssohn (1794-1874), lui aussi fils de Joseph Mendelssohn, devait faire entrer l'auguste grand-père dans la confrérie des philosophes allemands, des intellectuels berlinois et des penseurs européens. Kayserling reprenait tous ces aspects en ajoutant ceux concernant le judaïsme et le monde hébraïque. Luzzatto poursuit: «Votre travail est bien consciencieux, et le fruit d'une infinité de lectures et de recherches; et il est en outre profond, impartial, et élégant. Il est longtemps que ne lis tout entier un gros volume allemand, comme j'ai lu le vôtre; et c'est aussi depuis longtemps le premier ouvrage moderne qu'après avoir lu, j'aie souhaité de posséder.» *[sic]*

De son côté, Lellio Della Torre (1805-1871), professeur de Talmud au *Collegio rabbinico* de Florence, souhaitait en préparer une traduction italienne, préoccupé qu'il était de

---

1. Lettre en français de S. D. Luzzatto à M. Kayserling, 28 septembre 1862 (JNUL: Bibliothèque nationale d'Israël, Jérusalem).

constater que l'état religieux des Juifs en Italie devenait de pire en pire[1].

Comme Kayserling pense que Lessing avait raison de croire que les Juifs du temps ne laisseraient pas Mendelssohn cheminer vers la culture moderne et la faire partager à ses coreligionnaires, Luzzatto s'interroge : « Voilà la seule parole que je ne puis approuver dans votre livre. Quoi ? Être juif est un obstacle au développement de la raison ? Mendelssohn dans ses dernières pages soutient tout le contraire. Ce n'est pas l'être juif, mais la condition des Juifs qui fut un obstacle aux progrès que Mendelssohn aurait pu faire, et à l'importance que son nom aurait pu acquérir au-delà de celle qu'on ne peut lui nier. Le pauvre Juif allemand de ce temps-là pouvait-il se présenter au public en qualité de réformateur de la philosophie ? Aurait-il gagné le prix de l'Académie ? Aurait-il été utile à ses pauvres confrères ? Ses ouvrages auraient-ils été goutés par les grands, les princes et de tout le monde ? Il aurait été un grand homme après sa mort, mais le pauvre ne pouvait penser cela. Ce n'étaient pas les Juifs qui lui ôtaient la force, le courage de penser à cela, c'étaient les oppresseurs des Juifs. » *[sic]*

Moritz Kayserling, qui considère Mendelssohn comme un homme providentiel, continuera de traiter l'histoire des Juifs comme une totalité, ou plutôt n'hésitera pas à rapprocher les différents aspects du judaïsme. Dans *Sephardim. Romanische Poesie der Juden in Spanien* (1859), dédié à Émile et Isaac Pereire, il écrit : « Dans la langue nationale ou de la patrie, il n'y avait pas de dogmatique

---

1. Lellio Della Torre à M. Kayserling, 4 août 1867 (JNUL).

(Gotteslehre). Quel mérite ne revient pas aux hommes qui comblèrent ces manques? Ce que fit deux cents ans plus tard l'immortel Mendelssohn par sa traduction de la Bible, voilà ce que firent deux hommes, Usque et Pinel, pour leurs coreligionnaires espagnols et portugais soixante ans après le bannissement.» Si l'on pouvait penser que l'histoire du judaïsme de l'Europe du Nord s'écrivait en regardant le monde séfarade, il est clair que, petit à petit, c'est Mendelssohn qui devenait le paradigme historiographique.

Ainsi dans l'œuvre de Yosef H. Yerushalmi, faut-il être attentif aux ponts lancés entre les cultures achkénaze et séfarade: on retrouve cette exigence dans le très beau volume *Haggada and History*, où il présente et commente un panorama de cinq siècles de *haggadot* issu des collections du *Jewish Theological Seminary* de New York et de celle de Harvard[1]. Il annonce des travaux actuels sur les entrelacs des deux mémoires qui sont un champ d'étude encore largement en friche[2].

---

1. Y.H.Y., 1975; et Y.H.Y. (1982), 1998, «Assimilation et antisémitisme».

2. D. BOURET, Á. MARTÍNEZ, D. TELIAS, 1997, *Entre la Matzá y el Mate*, et N. WACHTEL, 2011 (1), *Mémoires marranes*.

11.

Yosef Hayim Yerushalmi et le débat sur les « conseils juifs » dans l'Europe nazie

Nicolas Weill

Yosef Hayim Yerushalmi a été le premier grand historien des Juifs de l'époque moderne à ne pas proposer, comme son prédécesseur Salo W. Baron, une histoire générale du peuple juif. Pour autant, il n'a pas négligé de donner des pistes ni d'ouvrir des perspectives globalisantes. L'ouvrage le plus canonique à cet égard est incontestablement son *Zakhor*, qui s'efforce d'analyser la naissance d'une écriture historique juive sur le terreau d'un impératif mémoriel porté par la tradition[1]. Yerushalmi voyait l'histoire des Juifs éclore après une grande catastrophe, celle de l'expulsion d'Espagne. C'est la réflexion sur une autre discontinuité qui constitue le fil rouge d'un texte plus tardif dans lequel Yerushalmi s'efforce d'entrevoir la possibilité d'une histoire générale des Juifs dans une perspective différente.

---

1. Y.H.Y., 1991, *Zakhor* ; voir également Y.H.Y., 1986, « Un champ à Anathoth », dans lequel Yerushalmi compare « la situation du peuple juif après l'Holocauste » à celle des générations au lendemain du cataclysme de l'expulsion d'Espagne.

Tiré d'une conférence prononcée à la Fondation Carl Friedrich von Siemens le 19 octobre 1993 à Munich, l'article dans lequel il mène cette réflexion sera pour la première fois publié en traduction française (due à Éric Vigne) dans la revue *Raisons politiques* (n° 7, août-octobre 2002, p. 19-52), puis édité à part, en 2011, par l'éditeur parisien Allia[1]. Ces quelques pages produisent avec *Zakhor* un incontestable effet de diptyque, et ce d'autant plus que le titre est emprunté à un auteur expulsé de l'Espagne du XVe siècle, Isaac Arama (1420-1494). Arama voulait en effet que les Juifs fussent considérés dans leur dispersion comme les «serviteurs des rois et non pas des serviteurs des serviteurs» – phrase qui est devenue le titre de l'essai. Tout le texte se présente comme son commentaire.

Si Yerushalmi y balaie comme dans *Zakhor* et d'une manière qui peut sembler cavalière l'ensemble de l'histoire juive, depuis les débuts de la dispersion jusqu'à nos jours, c'est d'abord dans le but de réfuter un préjugé : celui qui considère les Juifs comme des sujets passifs de leur propre devenir dès lors que l'exil est devenu pour eux une condition et non plus un accident historique passager. Car, contrairement à la thèse du Rosenzweig de *L'Étoile de la Rédemption*, les Juifs sont bel et bien pour Yerushalmi un peuple historique. Mieux encore, la constante qui permet de penser qu'ils ont été d'un bout à l'autre de cette histoire des acteurs, certes pas exclusifs, de leur propre destin reçoit le nom d'«Alliance royale». Par là Yerushalmi désigne le choix que les Juifs auraient fait d'une politique,

---

1. À noter, proche de la question de l'«Alliance royale», Y.H.Y., 1998, «Le massacre de Lisbonne», p. 35-174.

tout au long de leur dispersion, qui consiste à s'appuyer sur l'autorité du souverain afin de contrecarrer l'hostilité des peuples (et des prêtres). Nation sans État, le peuple juif serait donc demeuré un peuple politique pratiquant même une sorte de diplomatie. Dans l'Antiquité, cette alliance d'intérêts entre la monarchie et une minorité méprisée peut avoir reposé sur le souci du conquérant romain d'apaiser la turbulence de la Judée et de sa diaspora. Elle a pu plus tard s'appuyer sur une tradition de l'Église fondée sur la théologie du témoignage développée par saint Augustin (à côté d'autres conceptions et de moments plus durs). Quoi qu'il en soit, elle a eu pour conséquence que, au cours des siècles, le pire qu'ont pu redouter les élites et les populations juives enclavées dans les royaumes chrétiens ou musulmans a été la conversion forcée, voire l'expulsion (bien entendu, avec le cortège de misères et de massacres qui en découlent). En cela leur existence fut, d'une certaine manière, mieux préservée que celle des hérétiques.

Or, selon Yerushalmi, la Shoah et la destruction de la quasi-totalité du judaïsme européen rejettent définitivement ce paradigme de l'«Alliance royale» dans le passé, et il se peut que la période 1940-1945 provoque une nouvelle rupture analogue à celle de l'expulsion de la Péninsule ibérique. Un massacre total a été commis et donc demeure à jamais de l'ordre du possible. Malgré la défaite du nazisme, les Juifs, estime Yerushalmi, ne pourront plus jamais se rapporter avec une confiance absolue qu'à leur propre État. L'État moderne, héritier de la monarchie d'autrefois, n'aura donc pris qu'un bref siècle et demi le rôle de substitut à l'«Alliance royale».

Explicitement, ces pages se présentent comme une discussion d'Hannah Arendt. À cette réserve près qu'Arendt attribue la rupture introduite dans l'histoire des Juifs par la Deuxième Guerre mondiale à la maladie totalitaire de l'État moderne, alors que l'Affaire Dreyfus avait au contraire montré comment un État-Nation encore puissant représentait pour les Juifs une garantie efficace contre la violence de la populace pogromiste. Sur ce point précis, Yerushalmi se montre légèrement plus pessimiste dans la mesure où il ne semble plus prendre le totalitarisme comme la *causa causans* de la brisure moderne de l'histoire des Juifs. Cette nuance a son importance, dès lors que l'historien s'en vient discuter, dans la troisième partie de son essai, la question des conseils juifs dans l'Europe occupée par les nazis. Hannah Arendt l'avait posée à grand fracas dans son *Eichmann à Jérusalem* qui avait provoqué un tollé de longue haleine au sein du judaïsme américain[1]. Pour Yerushalmi, c'est bien à l'État moderne qui a failli dans sa mission de protection que doit, à l'avenir, se confronter la politique juive de la diaspora, et non plus à sa seule pathologie totalitaire. Dès lors, la question des conseils juifs dans l'Europe occupée par les nazis va constituer un paradigme extrême mais significatif de la condition juive. Dans cette perspective, il y a chez Yerushalmi comme une étonnante radicalisation des conceptions arendtiennes.

Dans *Eichmann à Jérusalem. Rapport sur la banalité du mal*[2], Arendt considérait que le sionisme politique avait

---

1. Voir P. Novick, 2001, *L'Holocauste dans la vie américaine*.

2. H. Arendt, 2002, *Eichmann à Jérusalem. Rapport sur la banalité du mal* ; également Arendt, 2011, *Écrits juifs*, et, notamment « Réexamen du sionisme », p. 493-543 et *passim*.

fait son apparition à une période de profond déclin de l'État-Nation, et ne pouvait par conséquent que conserver les couleurs particulières de sa naissance : celles d'une *Realpolitik* inapte à distinguer entre ami et ennemi, attachée à la rhétorique de l'éternité de l'antisémitisme, et préoccupée de négociation au sommet sans souci d'adhésion populaire. C'est à travers ce prisme qu'elle analysa de façon sévère l'expérience des conseils juifs.

L'isolationnisme du politicien sioniste, selon Arendt, bien loin de servir les intérêts des masses juives, n'aurait en effet fait que détacher ces dernières plus encore de leurs alliés naturels (progressistes) pour passer des accords avec les forces réactionnaires – l'ennemi réel faisant toujours figure d'allié. Incapables de comprendre l'essence radicalement distincte de la société totalitaire et de percevoir qu'avec le nazisme, le temps des privilèges et des accommodements, des parvenus et des parias était terminé, les politiciens sionistes n'auraient eu d'autre option que de retomber dans les ornières de l'intercession traditionnelle (la *Chtadlanout*), sans comprendre le changement d'époque induit par la modernité et le totalitarisme.

Sur ce point Yerushalmi est partiellement d'accord avec Hannah Arendt. Lui aussi voit une profonde discontinuité induite par l'expérience juive sous le nazisme. Mais il ne blâme pas les dirigeants juifs de leurs erreurs de jugement. Car jamais, rappelle-t-il, nul monarque ni État moderne avant l'État nazi n'avait planifié une extermination *totale* : le pire imaginable consista, au Moyen Âge, dans la conversion forcée ou l'expulsion (derechef avec ses conséquences meurtrières) ou plus tard l'enfermement dans les ghettos. Yerushalmi précise encore son propos en opérant une dis-

tinction entre le plan eschatologique et le plan historique :
« Sur le premier, écrit-il, [les Juifs] demeuraient pleinement persuadés qu'ils étaient en exil et priaient quotidien-
nement pour le retour en leur terre ancestrale dont ils se
languissaient. Sur le second, à l'exception des périodes
de persécutions actives, ils se montraient réellement attachés aux pays de leur dispersion et s'employaient par des
moyens réalistes à y vivre en paix[1]. »

Notons en passant qu'en ce qui concerne la période
médiévale, rien ne prouve que les deux niveaux aient été
aussi séparés dans la mentalité des Juifs et des non-Juifs.
Et surtout, rien ne démontre qu'aucune interaction entre
le plan eschatologique et le plan historique ne puisse être
repérée ni que l'imaginaire interne au judaïsme n'ait pu
avoir une efficace hors les murs des « saintes communautés » ou des synagogues. Comme l'a montré Israel Jacob
Yuval, l'eschatologie juive ashkénaze que reflète la littérature des *piyyoutim* (poésie liturgique) et des chroniques
hébraïques nées des persécutions de 1096 a eu un impact
considérable sur l'entourage chrétien de l'Allemagne et de
le France du Nord. Pour un Juif du Moyen Âge, le mar-
tyre accélérait la fin des temps et donc jouait un véritable
rôle historique pour en hâter la venue. L'idée-refuge de
la théorie de la passivité, résultant de l'hypothèse d'une
césure consciente chez les acteurs eux-mêmes entre l'idéologie et la réalité du terrain, mérite donc d'être au moins
questionnée[2]. Mais cette nuance ne remet pas en cause le
point central sur lequel la plupart des courants historio-

---

1. Y.H.Y., 2011, *Serviteurs des rois*, p. 22-23.
2. I. J. Yuval, 2012, *« Deux peuples en ton sein »*.

graphiques modernes s'accordent : les Juifs sont bel et bien des acteurs de leur histoire au plein sens du terme. Et dès lors qu'il y a action politique, la possibilité et la légitimité d'une évaluation sont ouvertes.

Quel est du coup le reproche *politique* qu'Hannah Arendt adresse aux conseils juifs ? Celui de s'être illusionnés sur la validité que pouvait comporter dans l'esprit nazi (pour qui « un Juif reste un Juif ») les différences que leurs persécuteurs feignaient d'établir entre les victimes afin de mieux endormir la méfiance de celles-ci. Ce défaut de jugement constitue une faute véritablement *politique* dans l'univers arendtien. Elle rend illégitime à ses yeux toutes les spéculations par lesquelles les conseils juifs et ceux qui cherchèrent à justifier leur action se défendirent, faisant par exemple valoir l'argument selon lequel ils n'auraient accepté cette hiérarchie qu'à titre de politique du « moindre mal » cette politique dût-elle amener à sacrifier les Juifs étrangers au profit des Juifs autochtones, les vieillards et les malades aux bien-portants, etc. Un tel calcul, réplique Arendt, procède d'une naïveté politique héritée d'un *habitus* juif traditionnel inadapté aux circonstances radicalement nouvelles créées par l'emballement meurtrier de la machine totalitaire. L'encadrement juif n'a pas su en déchiffrer la mentalité et cela a réduit d'emblée à une pure illusion ses politiques de « salut par le travail », de « moindre mal »[1] ou de « lutte contre le temps », l'ennemi allemand étant à tort crédité de prendre au sérieux les caté-

---

1. Arendt a très tôt dénoncé cette politique du « moindre mal » dans ses articles du *Aufbau*. Une action fondée sur la pseudo-rationalité du *Cui bono (« das Wem-nützt-es »)* n'intervient comme principe d'explication que lorsque l'individu, plongé dans son malheur, désespère de sa faculté de

gories entre Juifs (ce qui seul aurait pu conférer une légitimité aux finasseries ou aux tactiques de temporisation)[1].

Tout en prenant nettement ses distances avec l'explication arendtienne du phénomène des conseils juifs, à laquelle il reproche de manquer de complexité, Yerushalmi rappelle que les dirigeants juifs avaient de bonnes raisons de s'aveugler sur le comportement de l'État moderne qui, à l'ère de l'émancipation, avait bon gré mal gré jusqu'à la période nazie reconduit aux yeux des Juifs certains des bienfaits de l'«Alliance royale», précaires certes, mais seul rempart crédible contre l'antisémitisme. En revanche, l'évocation de l'antisémitisme du mouvement ouvrier depuis Marx vient chez lui réfuter implicitement le reproche qu'Arendt adresse aux dirigeants juifs de privilégier toujours les alliances «verticales» avec les puissants au lieu de tenter de s'allier avec les «forces progressistes»[2].

---

comprendre comme du pouvoir de sa raison; «*Cui bono*», 3 avril 1942, voir ARENDT, 2011, *Écrits juifs*, p. 44 et suiv.

1. Il faut du reste noter que sur le point très précis de l'appartenance ou de la formation politique des dirigeants ou membres de conseils juifs à l'Est, l'étude d'I. TRUNK, 1972, *Judenrat*, p. 32, n'a pas infirmé la thèse d'Arendt de la composante sioniste dans la formation politique de ceux qui constitueront les conseils. L'analyse des affiliations de 740 des membres de conseils juifs révèle que 59,5 % d'entre eux étaient déjà associés à des partis politiques avant-guerre. La moitié d'entre ces derniers (soit 212 sur 446) occupait déjà des postes importants dans les communautés. De cet échantillon, 67,1 % se répartit entre les divers courants du sionisme – soit les deux-tiers (dont 21 % étaient des orthodoxes liés à l'*Agoudat-Israël*, a- voire antisionistes ou des sionistes-religieux du *Mizrahi*).

2. Sur l'antisémitisme qui infecte même les rangs des Brigades internationales en Espagne, S. STEIN, 2012, *Ma guerre d'Espagne. Brigades internationales: la fin d'un mythe.*

Quant à l'affirmation centrale d'*Eichmann à Jérusalem*, selon laquelle, sans les conseils juifs ni l'organisation qu'ils mirent en œuvre, le nombre des victimes aurait été diminué, Yerushalmi la tient pour une pure et simple spéculation que rien ne vient étayer.

En acceptant d'entretenir l'illusion qu'il existait encore des dirigeants et des responsables, les conseils juifs auraient, selon Arendt, contribué à entretenir auprès des victimes l'illusion que « l'on pouvait encore faire quelque chose », alors que la véritable alternative, pour elle, ne résidait pas entre la coopération et la résistance, mais plutôt entre la coopération et la « non-participation ». Cela, s'empresse de préciser Arendt, ne renvoie à aucune spécificité comportementale proprement « juive » : plongé dans une pareille situation aucun peuple n'aurait pu réagir différemment. L'un des effets de cette renonciation au pouvoir par les dirigeants juifs aurait, entre autres, permis de restituer au peuple juif les informations cruciales (le véritable sens de la déportation) que ces dirigeants détenaient et n'étaient nullement en droit de conserver pour eux[1]. Sur ce point, la position de Yerushalmi est infiniment plus indulgente. Elle consiste à minimiser l'importance de la

---

1. À la mi-1943, Jacques Helbronner, président du Consistoire central, reçut une copie d'un document faisant état de la mise à mort massive des Juifs et de l'existence des fours crématoires. Il prit sur lui de ne pas diffuser l'information à la communauté juive (mais fit avertir semble-t-il le cardinal Gerlier ainsi que le général de Gaulle), sous prétexte de ne pas répandre la panique et désespérer ceux qui avaient un membre de leur famille interné ou déporté, S. SCHWARZFUCHS, 1998, *Aux Prises avec Vichy*, p. 293 et 294. Sur ce point N. WEILL, 1996, « Les *Judenräte*. Que pouvaient-ils savoir ? ».

connaissance du destin réservé aux déportés en la rame-
nant au point controversé de savoir si un médecin doit ou
non avertir son patient qu'il est atteint d'un cancer!
Il est assez significatif que la figure de «notable juif»
sur laquelle Hannah Arendt a concentré ses attaques ait
été le baron Fülöp von Freudiger, un Juif hongrois ano-
bli, dirigeant de la communauté orthodoxe de Hongrie,
membre du Comité central juif de Budapest *(Központi
Zsido Tanacs)*. Fülöp von Freudiger incarne en effet pour
Arendt la figure symbolique du conseil juif et, plus généralement, la faillite de la politique traditionnelle.

Si les nazis mobilisent le *leadership* juif traditionnel,
c'est non en fonction d'un souci de continuité, mais
parce qu'au fur et à mesure que la guerre avance ils n'ont
ni le temps ni les moyens de former des dirigeants plus
dociles. Ainsi, la rapidité des événements de mars 1944
en Hongrie fait-elle de la continuité entre les dirigeants
des communautés juives traditionnelles et ce qui va devenir le Conseil central des Juifs de Hongrie une évidence.
Le *Sonderkommando* d'Eichmann ira puiser directement
dans ce vivier-là. Comme l'a suggéré l'historien Randolph
Braham[1], Freudiger appartenait à cette couche de la
communauté juive à qui sa fréquentation de la noblesse
chrétienne du pays avait donné un sentiment illusoire de
sécurité. Il espérait que le sort des Juifs hongrois serait
différent de celui des Juifs de Pologne ou de Russie. La
chute de cette aristocratie, consécutive à l'entrée des

---

1. Voir R. BRAHAM, 1976, «*Qavim le-harakhat ha-tafqid…*» (Lignes
d'interprétation de la fonction du «conseil juif» en Hongrie, p. 87-117).
Voir également G. ALY et C. GERLACH, 2002, *Das letzte Kapitel.*

Allemands, laissa leurs répondants juifs isolés, condamnant à l'avance leur politique de *Chtadlanout* à laquelle ils n'avaient rien à substituer. Randolph Braham juge toutefois que leur honnêteté n'est nullement en cause. Nonobstant les quelques privilèges dont ils purent çà et là bénéficier, ceux-ci mirent tout en œuvre pour sauver ce qui pouvait l'être, conclut-il.

Freudiger prétend dans la longue déposition qu'il a faite en prévision du procès Eichmann que ce fut à la mi-mai 1944, lorsqu'il reçut les fameux « protocoles d'Auschwitz », transmis de Bratislava par Dov Weismandel et dont il fut le dépositaire, qu'il prit conscience de la réalité du génocide. Randolph Braham se montre plus sévère sur ce point. Pour l'historien – et il ne cite pas nommément Freudiger en cette occurrence –, les dirigeants juifs de Budapest n'ignoraient rien du sort des Juifs dans l'ensemble de l'Europe occupée par l'Allemagne (ce qui n'était pas le cas des masses). Il n'en reste pas moins que ces dirigeants pratiquèrent, comme partout ailleurs, une rétention d'information qui, au vu des événements, paraît difficilement justifiable. Braham attribue cette attitude au légalisme des notables juifs hongrois qui crurent, selon lui, que l'intégration plus que millénaire des Juifs dans le royaume suffirait à les épargner. Alors que la défaite de l'Allemagne était probable, la tactique de la « lutte contre le temps » devenait, il est vrai, plus crédible en 1944 qu'en 1942.

Voilà sans doute le genre de nuances et de complexités dont Hannah Arendt n'a guère tenu compte dans son appréciation de la politique juive. Pour elle, qui écrivit son *Eichmann à Jérusalem* dans les années 1960, le phénomène des *Judenräte* s'inscrivait, répétons-le, dans le cadre d'une analyse du totalitarisme (non sans imposer de notables modifications à cette théorie). Dans les années 1980, le philosophe d'origine polonaise enseignant en Grande-Bretagne, Zygmunt Bauman, renversait à nouveau la perspective[1]. L'Holocauste, et l'antisémitisme nazi, loin d'être autant de monstres engendrés par un «sommeil de la raison» ou un affaiblissement de l'État sous les coups d'une exception totalitaire étaient à nouveau rapportés aux mécanismes de la rationalité moderne *(Modernity)*. Bauman met en évidence les processus de rationalisation qui ont rendu possible le meurtre de masse et que la conception arendtienne axée sur le totalitarisme lui paraît négliger. Les conditions qui ont permis l'«Holocauste», dit-il, ne découlent pas non plus d'un reste de comportement médiéval ni traditionnel propre aux bourreaux comme aux victimes (Hilberg), ni d'une raison totalitaire (Arendt). D'une façon ou d'une autre, c'est le cours normal de la modernité qui peut amener au meurtre (quand l'irrationalité des fins se conjugue à l'inévitable rationalité des moyens).

On passe ainsi d'une explication de rupture (la Shoah serait l'indice d'une régression ou d'une crise de civilisation) à une réintégration de la catastrophe dans la sphère de la modernité «normale». L'«homme ordinaire», peu influencé par l'idéologie ou la propagande, renvoie quant à lui à la «société ordinaire» qui, par ce biais, se retrouve mise en accusation. La vision de la société comme recélant

---

1. Z. BAUMAN, 1991, *Modernity and the Holocaust*, «Soliciting the Co-operation of the Victims», chap. V, p. 117-150.

eo ipso une potentialité meurtrière de type nazi entraîne inévitablement un dépassement du cadre arendtien. Or Zygmunt Bauman ajoute que la « sollicitation de la coopération des victimes » représente l'élément central de cette entreprise et même que dans cette coopération réside la véritable spécificité de la Shoah. Comme chez Arendt, la coopération de la victime constitue donc la clef de voûte du système. Mais, ici, ce n'est plus seulement la cohérence de l'explication du totalitarisme qui est en jeu, mais celle de la « modernité » elle-même

Bauman se démarque par ailleurs d'Arendt sur plusieurs points, qui l'amènent à être tantôt plus « indulgent » à l'égard des conseils juifs, tantôt plus sévère. Ainsi Hannah Arendt estime-t-elle que les catégories de privilèges (les « forts », les valides, les adultes, les autochtones plutôt que les étrangers, etc.) sur lesquelles spéculaient les responsables juifs pour justifier leur politique étaient nulles et non avenues dans l'esprit de leurs persécuteurs. Fonder une stratégie de survie sur la réalité de telles divisions, comme le tentèrent certains dirigeants juifs, non seulement a constitué une faute morale, une atteinte irréparable à la solidarité juive, mais relevait en plus de l'illusion politique. Bauman est plus nuancé. Pour lui, comme plus tard pour Yerushalmi, cette spéculation avait pour elle la crédibilité que lui conférait une pratique politique des États européens dans des pays comme l'Allemagne et la France, mais aussi comme la Roumanie. Des pratiques que seuls Hitler et Himmler osèrent braver (non sans d'ailleurs quelques réticences que révèle le fameux discours de Posen dans lequel, aussi tard qu'en 1943, le Reichsführer SS reproche aux dignitaires nazis de chercher à protéger leurs «bons Juifs»). Les victimes, pour Bauman, ne sauraient donc être tenues responsables de ne pas avoir perçu que toute inhibition morale dans l'application de la politique antijuive avait disparu chez leur bourreau et que, par conséquent, les choix rationnels qui se présentaient à elles n'aient comporté aucune option sérieuse qui ne servît en même temps l'objectif en lui-même irrationnel de la destruction des Juifs d'Europe.

En revanche, Bauman se rapproche d'Arendt quand il affirme que la réussite de la politique nazie d'extermination a été conditionnée par la capacité d'entretenir les victimes dans l'impression que celles-ci disposaient, à chaque étape du processus, d'un choix et donc qu'elles demeurent dans l'espace du *politique.* Que cette politique ait été ou non réaliste est finalement d'importance secondaire et l'illusion ne représente pas le «péché» cardinal des conseils juifs! Le grave, déplore en revanche Bauman, c'est plutôt que, chemin faisant, la rationalisation de leur situation par les victimes a pu contribuer à entériner socialement la norme générale qui avait décidé leur propre mise à mort. Le «calcul rationnel» qui conférait, croyaient-elles, quelque chance de résultat au «salut par le travail», au «sacrifice de la partie pour le sauvetage du tout», ou à «la lutte contre le temps». Tel est ce qui, d'après Bauman, signe la spécificité de l'Holocauste, bien plus que le perfectionnement technique (les chambres à gaz). Bauman pense en effet que l'obstacle principal sur lequel les Allemands auraient pu sérieusement buter sur leur route exterminatrice aurait été une «solidarité juive» intacte. En somme, pour Bauman, ni un quelconque comportement traditionnel (fût-ce l'«Alliance royale») ni les conditions structurelles du totalitarisme ne suffisent à expliquer la coopération juive aux conséquences parfois lourdes...

Bauman défend implicitement Arendt sur un autre point faible de son argumentaire : celle-ci prend insuffisamment en compte le fait que les Allemands n'eurent pas recours systématiquement aux conseils juifs pour massacrer leurs victimes, puisqu'une grande partie d'entre eux furent fusillés dès l'arrivée des troupes allemandes par les *Einsatzgruppen* parfois appuyés par les troupes allemandes. Bauman attribue ce fait à la masse de collaborateurs locaux, disponibles dans les pays baltes ou en Ukraine.

Bauman se refuse ainsi à prononcer un jugement global sur l'action des conseils juifs. Il est injuste, voire erroné, dit-il, de juger une conduite humaine plongée dans de telles conditions selon les normes de la vie ordinaire où les conflits entre l'intérêt propre et la responsabilité pour autrui peuvent certes s'avérer aigus, mais n'entraînent généralement pas des conséquences aussi ultimes et irréversibles. Si cette perspective constitue à certains égards un progrès par rapport à la charge arendtienne, elle recèle certaines insuffisances sur lesquelles rebondira l'historiographie ultérieure, celle qui, du moins, se soucie de respecter la dignité de la victime et la revendication morale issue de l'événement[1].

---

1. Quoique réputée « taboue » la question des conseils juifs a suscité depuis une quinzaine d'années une littérature scientifique abondante. On notera, en français, parmi de nombreux travaux ceux de D. MICHMAN, 2001, *Pour une historiographie de la Shoah* ; M. Lafitte, 2003, *Un engrenage fatal* ; M. LAFITTE et G. BENSOUSSAN, 2005, « Les conseils juifs dans l'Europe allemande », *Revue d'histoire de la Shoah*, n° 185 (2006), etc.

Yerushalmi, de son côté, achève son étude de l'«Alliance royale» en affirmant que «la destruction des Juifs d'Europe [...] est devenue désormais une composante de l'expérience historique des Juifs et de leur mémoire collective» et, ajoute-t-il, «il en résulte quelque chose de décisif». Quoi? Voilà ce que l'historien laisse à notre imagination ou à notre sagacité. La catastrophe espagnole produisit l'écriture historique juive, avait-il montré dans *Zakhor*, dans la conclusion duquel il se livrait à une curieuse digression dystopique sur la possibilité d'un monde à venir sans histoire savante. Croyait-il ce moment venu? La fin de l'écriture historique savante telle que nous la connaissons, sinon celle de l'histoire, serait-elle un des fruits maudits de la catastrophe juive au XXe siècle? En tout cas, une inquiétude irréductible, sans doute. Et aussi la perte de «ce qui nous restait d'innocence».

12.

Le Freud de Yosef
Michael Molnar

Ma contribution sur le Freud de Yerushalmi utilise délibérément un génitif à l'anglaise *«Yerushalmi's Freud»* pour signaler le possessif. Je n'ai donc l'intention aujourd'hui de parler ni de «Yerushalmi et Freud», ni de «Freud vu par Yerushalmi», mais de sa possession de Freud. Et n'étant pas ici en tant qu'historien mais au titre d'ancien employé du Musée Freud à Londres, je vais utiliser mon expérience des trois contacts que Yerushalmi a eus avec ce musée pour illustrer la manière dont il a possédé Freud – ou, pour le dire autrement, comment il a été possédé par lui.

À la fin du *Moïse de Freud*, dans ce qu'il nomme un «post-scriptum provisoire» daté du 22 juillet 1990, Yerushalmi réfléchit sur les objets juifs de la collection d'antiquités de Freud qu'il compare à l'exposition itinérante de sa collection, qui se trouvait alors aux États-Unis. Dans la dernière phrase du livre, il se demande: «J'aimerais beaucoup savoir pourquoi les objets juifs mentionnés plus haut n'ont pas été mis à la disposition des organisateurs de l'exposition et des rédacteurs du catalogue, pourquoi ils sont "manifestement passés inaperçu jusque-là"[1]. »

Suis-je trop susceptible si je discerne là un ton de reproche? L'insinuation que l'on a peut-être délibérément estompé la judéité de Freud? Le ton résonne probablement comme une réaction de propriétaire, mais le sentiment d'une sorte de propriété se justifie – et non seulement dans le cas de Yerushalmi –, car, en général, la fonction du Musée Freud est de préserver l'héritage de Freud, et le public a bien le droit de savoir comment l'on gère ses trésors. Qu'importe! Voici deux réponses aux questions de Yerushalmi.

La première s'exprime en termes de hasard et de désordre. Je pourrais prendre l'exemple similaire d'un objet perdu et non exposé – et qui, de plus, serait tout indiqué ici, puisqu'il a un lien avec la France. Dans une lettre du 13 octobre 1883 – c'est-à-dire deux ans avant de partir faire ses études en France avec Charcot –, Freud avait prié sa fiancée de lui broder ce qu'il nommait des « plaques votives » avec des maximes françaises pour les suspendre au-dessus de son bureau. L'une d'elles devrait porter une citation du *Candide* de Voltaire : « Travailler sans raisonner. » On n'en a jamais retrouvé la moindre trace. En revanche, on a récemment eu la surprise de retrouver la deuxième de ces plaques brodées, cachée parmi des papiers. Elle porte une citation que Freud avait empruntée à Ernst Fleischl, l'un de ses collègues qu'il admirait, qui l'avait apparemment lui-même tirée d'une traduction française de saint Augustin : « En cas de doute, abstiens-toi. »

---

1. Y.H.Y., 1993 (2), *Le Moïse de Freud*, p. 203.

Compte tenu des connotations chrétiennes de cette plaque votive, et surtout compte tenu de l'audace avec laquelle Freud a fait face à ses doutes, on est en droit de se demander combien de temps elle a pu pendre au-dessus du bureau. Dans tous les cas, les photos qu'Engelman a prises du bureau de Freud à Vienne, en 1938, ne la montrent plus. Était-elle dans un tiroir quand il écrivait son *Moïse et le Monothéisme*? Et quand Abraham Yahuda, spécialiste de la Bible, est venu le voir à Londres pour le prier de ne pas publier le livre sur Moïse, l'esprit de Freud avait-il alors invoqué celui de cette plaque cachée ou refoulée, avec ses conseils qu'il avait bien l'intention d'ignorer? Est-ce la raison pour laquelle le Musée Freud n'a pas encore exposé cette plaque? Ou bien est-ce simplement que l'occasion de le faire ne s'était pas encore produite?

La deuxième réponse à la question de Yerushalmi, et la plus exacte aussi, c'est qu'Erica Davies, qui m'a précédé comme directrice du Musée, était la conservatrice de l'exposition itinérante des objets antiques de Freud. Diplômée du Courtauld Institute of Art, elle vouait, comme Freud, un culte à l'Antiquité classique. Or nombre de critiques ont déclaré que Freud n'avait aucun sens esthétique et que sa collection n'était qu'un amas de bric-à-brac, pleine de faux, qu'en son ignorance d'amateur il n'avait pas su identifier. Erica voulait que l'exposition dont elle avait la charge puisse prouver combien cet *a priori* était erroné. Elle désirait révéler la haute qualité de la collection, et les objets juifs ne pouvaient (selon elle) atteindre le niveau des objectifs esthétiques du projet.

Cette réponse aurait probablement renforcé les soupçons de Yerushalmi, à savoir que le musée ne voulait pas rendre justice à la culture juive de Freud. Étant donné la nature esthétique du projet d'Erica, il y aurait vu un autre exemple de la manière dont on décidait d'ignorer l'ampleur des influences culturelles de Freud. De fait, si le musée peut présenter des facettes de son sujet, il ne peut jamais les présenter tous pleinement. Ce qui nous renvoie à la sempiternelle question : de qui donc est-ce le Freud ? Et qui pourrait en revendiquer la possession ou prétendre détenir la prééminence de sa juste représentation ?

Quoi qu'il en soit, l'enquête de Yerushalmi au sujet de la suppression apparente des objets juifs allait rapidement être résolue. En 1991, le Musée du Judaïsme de New York montait une exposition des objets juifs antiques de Freud. Yerushalmi, qui en était le conseiller, a rédigé l'introduction du catalogue. C'était justement l'année de la publication de son *Moïse de Freud*, et il a profité de l'occasion pour présenter l'essentiel de ses idées à propos de l'identité juive de Freud. En voici un aperçu :

« Ce que Freud a désiré toute sa vie et ce qui lui a échappé si longtemps était de comprendre sa nature et sa véritable intensité. [...] C'est seulement vers la fin de sa vie que Freud a finalement trouvé les mots. Il en résulta *Moïse et le Monothéisme*, et ce n'était pas, comme certains le voudraient, un adieu à sa judéité, mais, en le comprenant bien, sa justification triomphale[1]. »

Cette allusion à ceux qui voient dans la dernière œuvre de Freud un adieu à sa judéité doit surtout s'adresser à Marthe Robert, car telle est bien la thèse de son ouvrage

---

1. Y.H.Y., 1991 (2), « The Purloined Kiddush Cups: Reopening the Case on Freud's Jewish Identity ».

D'Œdipe à Moïse[1]. En revanche, Yerushalmi voulait montrer que, dans *Moïse et le Monothéisme*, Freud avait enfin exprimé et peut-être résolu, même si ce n'était que partiellement, les contradictions de sa judéité interminable et athée. Et ce faisant, il aurait finalement obéi, quoique de façon détournée, au devoir que son père avait inscrit dans la *Gedenkblatt* de la Bible familiale – retourner vers l'étude de la Bible.

C'est une thèse forte, argumentée d'une manière concise et puissante au long des quatre conférences qui forment le corps du *Moïse de Freud*. En dehors de son érudition et de son style magistral, ce livre se distingue des autres études sur le judaïsme de Freud par une oscillation subtile et convaincante d'accentuations entre la personnalité de Freud lui-même (qui domine la littérature purement biographique) et les traditions du judaïsme.

Mais on perçoit également une autre oscillation, entre judaïsme et judéité. En jouant sur ces chevauchements conceptuels, d'une judéité sans Dieu et des multiples voies par lesquelles le judaïsme se transmet, Yerushalmi nous montre Freud sous un nouveau jour. Pourtant, rien n'avait changé en ce qui concernait la documentation disponible : il l'avait seulement remaniée et redistribuée. Pour ce faire, il avait utilisé la méthode même de l'élément clé de sa démonstration : l'inscription du père de Freud, Jacob, dans la Bible familiale, c'est-à-dire la *melitzah* qu'il avait composée, soit une mosaïque de fragments ou de phrases tirés de la Bible ou de la littérature rabbinique, remaniée afin de composer un nouveau message.

---

1. M. ROBERT, 1974, *D'Œdipe à Moïse*.

Il n'empêche. L'intensité du sens de la judéité chez Freud demeure aussi ambigu qu'il l'était auparavant. C'était inévitable, car qui saurait inférer le sens du monde, voire l'être au monde, de Freud? On ne peut trouver de preuve aux états subjectifs. Dans son passionnant dernier chapitre, l'étrange « Monologue avec Freud », Yerushalmi admet implicitement que certaines questions ne pourraient être résolues que par la confession du sujet, chose à laquelle Freud ne s'était jamais clairement prêté durant sa vie.

Cela m'amène au deuxième des trois contacts que Yerushalmi a eus avec le Musée Freud. Au début des années 1990, le musée a subi une crise financière. Élisabeth Roudinesco et René Major, de la Société internationale d'histoire de la psychiatrie et de la psychanalyse, ont formé un comité français de soutien qui comptait parmi ses membres Yerushalmi et Derrida. En 1994, la SIHPP et le Musée Freud ont organisé un colloque international à Londres afin de lever des fonds pour le musée et tous deux avaient accepté d'y participer.

Le titre du colloque était «Mémoire – la question des archives». Puisqu'il s'agissait d'une rencontre destinée à lever des fonds, on avait prié les participants d'économiser sur leurs dépenses, et Yerushalmi avait pris un vol de nuit en classe économique. Quand je l'ai rencontré à l'aéroport, il avait l'air malade: je crois qu'il n'avait pu ni dormir ni – ce qui était peut-être pire pour lui – fumer. Je lui ai dit que l'intervention de Derrida allait répondre à son *Moïse de Freud*. Il se montra étonné et, me sembla-t-il, horrifié. Pourquoi ne l'avait-on pas prévenu? Mais comment aurions-nous pu l'en aviser avant? En effet nous-mêmes, les organisateurs, venions à peine de découvrir le texte de Derrida, achevé moins de huit jours auparavant, comme il le dit à la fin.

Huit jours : c'est la période qui sépare la naissance de la circoncision. La contribution de Derrida, qui sera publiée, un an plus tard, en 1995, sous le titre *Mal d'Archive*, brodera sur ce thème en réagissant contre le livre de Yerushalmi. Il y réunissait, dans la démonstration, la dédicace dans la Bible, rédigée par le père, commémorant, selon lui, l'événement et demandant à son fils de revenir au livre sacré, et le « Monologue avec Freud » de Yerushalmi. Non seulement, argumentait Derrida, ce chapitre adressé directement à son sujet ne convenait pas à un discours d'historien, mais il était de plus un acte de coercition – équivalent à la circoncision – lorsque Yerushalmi passe du « vous » au « nous (les Juifs) » en monologuant avec Freud. Freud, comme le bébé attendant la circoncision, ne peut que se soumettre : « Il ne peut pas refuser cette communauté à la fois proposée et imposée[1]. »

Derrida pointait dans cette transmission du judaïsme un acte de violence cachée. Mais Yerushalmi n'était pas là pour répondre au commentaire de Derrida. Il était malade et absent du colloque. C'est donc un autre historien qui se chargea de lire son texte, qui portait sur la fameuse et infamante Série Z, la section fermée des archives de Freud. La rencontre personnelle entre Yerushalmi et Derrida, qui aurait dû se tenir sous l'égide du Musée Freud, n'eut donc pas lieu.

---

1. J. Derrida, 1995, *Mal d'Archive*.

Je ne sais pas comment Yerushalmi aurait réagi à la critique de Derrida, à ses doutes à l'égard de la notion d'élection, à son questionnement sur le métier d'historien ou encore sur la notion de propriété. Il rencontra Derrida plus tard à New York, et il se peut qu'ils aient alors compensé la rencontre manquée de Londres. Mais Yerushalmi était-il en mesure de se réconcilier lui-même avec la discussion menée par Derrida sur la violence de ses distinctions conceptuelles et sur son «tremblement» quant à l'unicité du peuple juif[1]? Je ne sais pas. Quant à Derrida, il me semble qu'il n'esquive aucune possibilité de conciliation. Dans *Mal d'Archive*, il cite cette phrase de *Zakhor*: «En Israël et nulle part ailleurs, l'injonction de se souvenir est ressentie comme un impératif religieux pour tout un peuple.» Il ajoute: «J'aurais aimé passer des heures, une éternité en vérité à méditer en tremblant devant cette phrase[2].» Au cours des pages suivantes, il élabore ce terme de «tremblement», tout en tournant autour d'un autre thème de Yerushalmi: la possibilité que la justice soit l'envers de l'oubli. «Quand je dis *je* tremble, j'entends que l'*on* tremble, le "on" ou le *"one"* tremble, quiconque tremble: parce que l'injustice de cette justice peut concentrer sa violence dans la constitution même de l'*Un* et de l'*Unique*.»

Dans cette méditation sur la constitution violente de l'autre – ou bien serait-ce pure imagination? –, on paraît s'approcher d'un lieu et d'un thème que Freud et Moïse n'ont aperçus que de loin: l'État d'Israël. En un sens, il

---

1. *Ibid.*, p. 123.
2. *Ibid.*, p. 121-122.

en découle naturellement ; il est impliqué dans le *Moïse de Freud* quand Yerushalmi traite des relations changeantes de Freud avec le sionisme. À un autre niveau, il se fait sentir sous certaines questions non historiques – comment peut-on aujourd'hui se permettre d'interroger Freud ? Quelles réponses espère-t-on tirer de sa voix ? Et en faveur de qui, ou de quoi, son fantôme va-t-il parler ? J'observe évidemment tout cela à travers le prisme d'une institution, le Musée Freud, qui détient la collection de Freud, mais reste privée de copyright ou du droit juridique de disposer d'elle. Le musée n'est qu'un lieu, une scène sur laquelle d'autres contestent leurs droits et revendiquent leur héritage. Et tout cela me ramène au dernier contact de Yerushalmi avec le Musée Freud.

C'était un simple coup de téléphone en 2004, au sujet d'une conférence qu'Edward Said avait donnée au musée en 2003. Elle tournait aussi, comme le *Moïse de Freud* de Yerushalmi ou le *Mal d'Archive* de Derrida, mais de façon bien différente et bien plus sommaire, autour du *Moïse et le Monothéisme* de Freud. Elle s'appelait «Freud et le non-Européen» et l'éditeur Verso l'a publiée la même année, en collaboration avec le musée[1]. Pour réduire son argument à l'essentiel, Said affirme dans ce texte qu'en créant un Moïse égyptien, Freud avait placé l'altérité au cœur même de l'identité juive et que cette reconnaissance fondamentale de leurs différences intrinsèques pourrait servir de base à une réconciliation entre Israéliens et Palestiniens, dans la formation d'un État binational.

---

1. E. SAID, 2003, *Freud and the Non-European.*

Yerushalmi n'avait jamais téléphoné à l'improviste au musée. J'ai été aussi surpris par le coup de téléphone que par son ton. Il me dit tristement qu'il regrettait que le musée ait permis la publication sous son égide d'un livre si mauvais. Et il m'a demandé si je savais qu'on avait photographié Said en train de lancer des pierres contre les Israéliens, et si j'avais lu la réponse au livre de Said que Leon Wieseltier avait fait paraître dans le journal *New Republic*. Il faut souligner que le ton de Yerushalmi était plus triste que fâché, et qu'il a insisté pour que son appel n'affecte en rien nos relations personnelles.

Le fait que Yerushalmi se soit senti contraint de reprocher au Musée Freud la publication de Said montre qu'il ressentait une sorte de responsabilité à l'égard de l'image de Freud que son Musée devait représenter. Il lui semblait qu'en publiant un « mauvais » livre, le musée avait failli dans la représentation qu'il devait à Freud, comme cela s'était déjà produit, quatorze ans auparavant, avec ses objets d'antiquités juives. Mais il y avait aussi autre chose. Une discussion sur la judéité de Freud pendant les années 1930 ne peut se borner au milieu historique. Said avait choisi de fonder son allégorie sur une interprétation du *Moïse de Freud* qu'il avait adaptée à la politique contemporaine. J'ai lu par la suite l'article de Wieseltier : j'y ai trouvé quelques bons arguments et beaucoup d'invectives. Bref, le *Moïse et le Monothéisme* de Freud, l'œuvre qui avait été rédigée en réaction à l'antisémitisme nazi, se trouvait maintenant enrôlée dans la lutte entre Israéliens et Palestiniens.

Que Yerushalmi m'ait orienté vers l'article de Wieseltier ne me fait pas dire que Wieseltier parlait *pour* lui. Mais je dois supposer que l'objection de Yerushalmi se fondait sur la responsabilité du musée dans ce qu'il avait probablement perçu comme une manipulation politique des recherches freudiennes. Les références de Said à l'œuvre de Yerushalmi ne pouvaient guère lui plaire, pas plus que l'insistance de Said sur le fait que Freud était résolument resté ambivalent à l'égard de sa propre judéité. Il est possible qu'il ait été troublé, chez Said, par son absence de nuance historique. Il est possible aussi que son trouble provienne de cette affirmation de Said : « Israël refoule Freud. » Je pourrais continuer à spéculer à l'infini.

S'il n'y avait pas eu meurtre, dit Yerushalmi à propos de Moïse, il n'y aurait pas eu refoulement. Il se fonde ainsi sur la version midrashique de l'histoire de Moïse, où les pierres que les Israélites lui jettent sont emportées par un nuage. Cependant, Derrida n'y voit qu'une conclusion fragile, car l'*intention* d'assassiner reste aussi efficace, et l'inconscient ignore toute différence entre le virtuel et le réel. Comparant ces deux interprétations, on se trouve face aux mêmes pierres, utilisées comme des preuves, tantôt du meurtre, tantôt de son déni. Elles servent ainsi de pivot à une lecture des intentions, conscientes ou inconscientes.

C'est sur cette image que je voudrais conclure. Suivant la tradition juive, on dépose des pierres sur les tombes. Que ces pierres-ci puissent signaler aussi quelques-unes des multiples lectures, créatrices et troublantes que l'œuvre de Yerushalmi continuera à inspirer.

Postface

de Pierre Nora

Quand Yosef Haym Yerushalmi a débarqué à Paris, en 1986, invité par l'École des hautes études en sciences sociales, j'avais lu *Zakhor, histoire juive et mémoire juive,* et lui allait y découvrir les premiers volumes des *Lieux de mémoire,* avec leur introduction «Entre mémoire et histoire». Nous nous sommes tombés dans les bras.

Nous étions peu nombreux, à l'époque, et même les seuls, à nous intéresser à la mémoire et à dégager la problématique de ses rapports avec l'histoire et l'historiographie. Il le faisait, lui, en historien juif, en historien du «peuple de la mémoire», un peuple sans lieu; et moi, en historien de la nation, et même d'une nation qui, à la différence des autres, avait fondé sa mémoire sur son histoire. Les deux versants, somme toute, les deux versions, antithétiques, d'un même type de rapport.

Je crois avoir apporté à Yosef quelque chose: le sentiment que le rapport de la mémoire et de l'histoire, qu'il avait cru spécifique à la tradition juive, pouvait s'établir de manière inverse, mais identique, dans le cas national et qu'il avait donc mis le doigt, sans trop le savoir, sur le

grand problème historique de l'époque. Je lui dois beaucoup plus. Il m'a fait comprendre que si, de tous les historiens de la France contemporaine, j'avais été celui qui
avait senti et théorisé le «moment mémoire» de la France,
ce n'était sans doute pas étranger au fait que j'étais juif,
un juif laïque et républicain qui, dans son enfance, avait
connu la guerre, et Vichy.

L'année où paraissait, en même temps que *Zakhor*, le
premier volume des *Lieux de mémoire*, 1984, avait été en
effet une grande année pour la mémoire. Elle avait vu
naître *Shoah*, de Claude Lanzmann, à la gestation duquel
j'avais assisté, ainsi que le premier volume des *Mémoires*
de Pierre Vidal-Naquet, «La brisure et l'absence», dont
j'avais été l'ami intime dans sa jeunesse, au lycée Carnot,
et avec qui j'avais même fondé une revue de lycéens qui
voulait exprimer l'après-guerre, *Imprudence*. Yosef m'a fait
penser que la simultanéité de cette irruption mémorielle
avait un trait commun: nous étions, comme lui, tous les
trois juifs; mais chacun à sa manière. Vidal-Naquet, dont
les parents sont morts en déportation, réglait les comptes
de sa jeunesse avec l'Occupation qui l'avait marqué pour
la vie. Lanzmann, de son côté, réglait ses comptes avec la
Pologne, même si *Shoah* en dépasse de beaucoup le cadre.
Et moi, qui avais eu la chance qu'aucun membre de ma
famille – du moins la plus proche – n'ait été déporté, je
me mettais à jour avec «la France», et mettais à jour la
manière d'écrire son histoire. C'était là une clé d'explication. Il ne fallait pas trop forcer la serrure, mais elle
ouvrait une hypothèse plausible.

Rencontrer Yosef vous attachait à lui pour toujours.
Sa présence dégageait une telle force d'humanité, une

telle intensité de vie! Une compréhension immédiate de l'autre, un mélange très particulier d'émotivité à fleur de peau et d'intelligence du cœur et de l'esprit. Et un mélange non moins particulier de gravité et d'humour. La première chose qui frappait était son regard et sa voix: les deux manifestations de la vie qui disparaissent avec elle. Mais pour tous ceux qui l'ont connu, Yosef reste vivant, par la chaleur de son regard et la profondeur de sa voix.

Note d'Ophra Yerushalmi

Même rapportée à l'aune des événements exceptionnels de notre vie commune, la journée d'hommage à Yosef Yerushalmi qui s'est tenue en avril 2011 au Musée d'Art et d'Histoire du Judaïsme sortait clairement de l'ordinaire. Pourtant, elle n'en semblait pas moins tout à fait naturelle au regard de l'histoire de nos dix étés passés à Paris et de notre attachement à la France.

En ce jour particulier d'avril, toutes les personnes qui comptaient pour Yosef Yerushalmi, collègues, étudiants ou amis, se sont succédé pour lui rendre hommage, venues de Jérusalem, Rome, Munich, Londres, des États-Unis et, bien entendu, de Paris. Ce fut un grand moment d'émotion pour nous, sa famille – mon fils Ariel, sa femme Marjorie, mon petit-fils Rafael qui vivent en France, et moi-même.

Dès le début, nous avons goûté de merveilleux liens d'amitié avec le cher et regretté François Furet, comme avec Pierre Nora et Gabrielle, Nancy L. Green, Nicole Zand, Esther et René Ohana, et Pierre Birnbaum. Tous nous ont permis de nous sentir Parisiens à Paris, et cette heureuse illusion s'est répétée à l'occasion de chaque nouveau séjour.

Le succès de Yosef Yerushalmi en France doit tout, sans nul doute, aux talents d'éditeur et de traducteur d'Éric Vigne, aujourd'hui éditeur chez Gallimard ; c'est lui qui a ouvert la voie, avec un dévouement et une amitié sans limites. Il me revient le souvenir d'un matin où Éric et Yosef, assis dans notre cuisine parisienne, s'interrogeaient avec désespoir : « Mais comment rendre tout le sens du mot *mind* en français ? comment ? »

Mes sincères remerciements vont à tous les participants de cette journée ainsi qu'aux institutions qui en ont soutenu l'organisation.

O.Y.
New York, juillet 2012.

Bibliographie des ouvrages cités

ALY Götz & GERLACH Christian, 2002, *Das letzte Kapitel: Der Mord an den ungarischen Juden*, Stuttgart, DVA.

ARENDT Hannah, 1958, *The Origins of Totalitarianism*, New York, Harcourt Brace Jovanovich.

—, 1963, *Eichmann in Jerusalem: A Report on the Banality of Evil*, New York, Viking Press.

—, 2002, *L'Antisémitisme*, traduit par M. Pouteau, révision par H. Frappat; *Eichmann à Jérusalem. Rapport sur la banalité du mal*, traduit par A. Guérin, révisé par M. Leibovici, dans *Les Origines du totalitarisme, Eichmann à Jérusalem*, traduit par Micheline Pouteau *et al.*, Paris, Gallimard, Quarto.

—, 2011, *Écrits juifs*, traduit par S. Courtine-Denamy, Paris, Fayard.

ASSMANN Jan, 1992, *Das kulturelle Gedächtnis, Schrift, Erinnerung und politische Identität in frühen Hochkulturen*, Munich, Beck.

—, 1998, *Moses der Ägypter. Entzifferung einer Gedächtnisspur*, Hanser, Munich – 2001, *Moïse l'Égyptien, un essai d'histoire de la mémoire*, Paris, Aubier-Montaigne.

BAER Fritz, 1929, *Die Juden im Christlichen Spanien*, Berlin, t. I – 1936, t. II.

BAER Yitzhak, 1935, «ha-matsav ha-politi chel yehoudei Sefarad be doro chel r"Yehouda Halevi» (La situation politique des Juifs d'Espagne à l'époque de Juda Halevi), *Sion*, I, p. 6-23.

—, [1961] 1992, *A History of the Jews in Christian Spain*, vol. I, Philadelphie-Jérusalem, The Jewish Publication Society of America.

—, 2000 [1936], *Galout. L'imaginaire de l'exil dans le judaïsme*, préface de Y. H. Yerushalmi, Paris, Calmann-Lévy.

BARON Salo Wittmayer, 1928, «Ghetto and Emancipation», in *The Menorah Journal*, vol. 14, p. 515-526 – 1964, Leo W. Schwarz, *The Menorah Treasury. Harvest of Half a Century*, Philadelphie, The Jewish Publication Society of America, p. 50-63.

—, 1937, *A Social and Religious History of the Jews*, Ire édition, New York, Columbia University Press.

—, 1952-1983, *A Social and Religious History of the Jews*, 2e éd, New York, Columbia University Press.

—, 1964, *History and Jewish Historians*, Philadelphie, The Jewish Publication Society of America.

—, 1956-1964, *Histoire d'Israël. Vie sociale et religieuse*, Paris, PUF, t. I-V.

—, 1972, *Ancient and Medieval Jewish History*, Leon A. Feldman (éd.), New Brunswick, Rutgers University Press.

BAUMAN Zygmunt, 1991 [Ire éd. 1989], *Modernity and the Holocaust*, New York, Cornell Paperbacks, Cornell University Press – 2008, *Modernité et Holocauste*, traduit par P. Guivarch, Bruxelles, Complexe.

BENNASSAR Bartolomé et Lucile, 1998, *Le Voyage en Espagne. Anthologie des voyageurs français et francophones du XVIIe au XIXe siècle*, Paris, Robert Laffont.

BETTELHEIM Bruno, 1979, *Survivre*, Paris, Robert Laffont – 1981, *Sopravvivere*, Milan, Feltrinelli.

BONFIL Robert, 1988, «How Golden was the Age of the Renaissance in Jewish Historiography?», *History and Theory*, 27, 4, p. 78-102.

—, 1997, «Jewish Attitudes toward History and Historical Writing in Pre-Modern Times», *Jewish History*, 11, 1, p. 7-40.

BOURET Daniela, MARTÍNEZ Álvaro, TELIAS David, 1997, *Entre la Matzá y el Mate. La inmigración judía al Uruguay, una historia en construcción*, Montévideo, Banda Oriental.

BRAHAM Randolph, 1976, «Qavim le-harakhat ha-tafqid che-milah "ha-mo'etzet ha-yehoudit" be-Hongarya» (Lignes d'interprétation de la fonction du «conseil juif» en Hongrie), dans *Hanahagat Yehoudey Hongaryah Be-mivekhan ha-choah* (Les dirigeants juifs de Hongrie à l'épreuve de la Shoah), Jérusalem, Yad Vashem, p. 87-117.

CARDOSO Ytshac, 1679, *Las Excelencias de los Hebreos*, Amsterdam, David de Castro Tartas.

CARLEBACH Elisheva, EFRON John M., MYERS David N. (éd.), 1998, *Jewish History and Jewish Memory. Essays in Honor of Yosef Hayim Yerushalmi*, Hanovre-Londres, Brandeis University Press.

CROUZET Denis, 2006, *Christophe Colomb, héraut de l'Apocalypse*, Paris, Payot.

DERRIDA Jacques, 1995, *Mal d'Archive*, Paris, Galilée.

EHRENFREUND Jacques, 2000, *Mémoire juive et nationalité allemande. Les Juifs berlinois à la Belle Époque*, Paris, PUF.

—, 2001, «Moses Mendelssohn», dans Étienne FRANÇOIS & Hagen SCHULZE (éd.), *Deutsche Erinnerungsorten*, Munich, Beck, vol. III, p. 258-273.

—, 2003, «La construction d'un héros juif allemand sous le Second Reich», *Les Cahiers du Judaïsme* 13, p. 84-95.

FINKIELKRAUT Alain, 1980, *Le Juif imaginaire*, Paris, Seuil.

FISCHER Eva-Elisabeth, 1996, «Zwischen den Zeiten. Yosef Hayim Yerushalmis Israel-Vortrag in München», *Süddeutsche Zeitung*, 9 novembre, p. 18.

FISCHER Jen-Malte, 2000, *Richard Wagners 'Das Judentum in der Musik'. Eine kritische Dokumentation*, Francfort-sur-le-Main, Insel Verlag.

—, 2003, *Gustav Mahler: Der fremde Vertraute, Biographie*, Vienne, Paul Zsolnay – 2011, *Gustav Mahler*, traduction américaine par Stewart Spence, Yale University Press.

FUNKENSTEIN Amos, 1993, *Perceptions of Jewish History*, Berkeley, University of California Press.

GARCÍA-ARENAL Mercedes & WIEGERS Gerard, 2003, *A Man of Three Worlds. Samuel Pallache, a Moroccan Jew in Catholic and Protestant Europe*, Baltimore & Londres, Johns Hopkins University Press.

GINZBURG Carlo, 2001, *À distance. Neuf essais sur le point de vue en histoire*, Paris, Gallimard.

GLAZER Nathan & MOYNIHAN Daniel Patrick, 1963, *Beyond the Melting Pot. The Negroes, Puerto Ricans, Jews, Italians and Irish of New York City*, Cambridge, Mass., MIT Press.

GREEN Nancy L., 1980, «Class Struggle in the Pletzl: Jewish Immigrant Workers in Paris, 1881-1914», thèse de doctorat, University of Chicago.

—, 1985, *Les Travailleurs immigrés juifs à la Belle Époque*, Paris, Fayard – 1986, édition américaine, *The Pletzl of Paris*, New York, Holmes & Meier.

GULLAN-WHUR Margaret, 1998, *Within Reason. A Life of Spinoza*, Londres, J. Cape.

HALEY Alex, 1976, *Roots*, Garden City, N.Y., Doubleday.

HAUSMANN Ulrich, 1993, «Ferne ist nicht Leere. Yosef H. Yerushalmis Probleme mit der jüdischen Geschichte», *Süddeutsche Zeitung*, 3 novembre, p. 909.

HAZAZ Haim, 1968, *Ha-derashah* (le sermon), dans *Kol kitvei Haim Hazaz*, Tel Aviv, Am Oved.

IDEL Moshé, 2007, «*Yosef H. Yerushalmi's Zakhor*. Some Observations», *The Jewish Quarterly Review*, 97, 4, p. 491-501.

KAPLAN Yosef, 2009, «Attitudes towards Circumcision among the Early Modern Western Sephardim», dans HACKER Joseph, KAPLAN Y., KEDAR Benjamin Z. (éd.), *From Sages to Savants. Studies Presented to Avraham Grossman* [hébreu], Jérusalem, The Zalman Shazar Center, p. 383-384.

—, 1971, *Ma'alot ha-Ivrim*, Jérusalem, Mosad Bialik.

KAYSERLING Moritz-Meyer, 1898, *Ludwig Philippson. Eine Biographie*, Leipzig.

KRIEGEL Maurice, 2000, «L'alliance royale, le mythe, et le mythe du mythe», *Critique*, n° 632-633, p. 14-30.

LAFITTE Michel, 2003, *Un engrenage fatal: l'UGIF, 1941-1944*, Paris, Liana Levi.

LAFITTE Michel & BENSOUSSAN Georges (dir.), 2005, «Les conseils juifs dans l'Europe allemande», *Revue d'histoire de la Shoah*, 185.

LEVI Primo, 1982, *Se non ora quando?*, Turin, Einaudi – 1983, *Maintenant ou jamais*, Paris, Julliard.

LEWIN Boleslao (éd.), 1971, *La Inquisición en Mexico, Racismo inquisitorial (El singular caso de Maria de Zarate)* [1656-1659], Puebla.

—, 1975, *Confidencias de dos criptojudios en las carceles del Santo Oficio (México, 1645-1646)*, Buenos Aires.

LIBERLES Robert, 1995, *Salo Wittmayer Baron. Architect of Jewish History*, New York University Press.

MANN Thomas, 1950, *Le Docteur Faustus*, traduit par L. Servicen, Paris, Albin Michel.

MARIENSTRAS Richard, 1975, *Être un peuple en diaspora* (préface de Pierre Vidal-Naquet), Paris, François Maspero.

MARMURSZTEJN Elsa, 2011, «La construction d'un passé meilleur. Salo Wittmayer Baron et la condition des juifs d'Europe avant l'Émancipation», *Penser/Rêver*, n° 19: 'C'était mieux avant...', p. 101-120.

MEDINA José Toribio, 1987 [1905], *Historia del Tribunal del Santo Oficio de la Inquisición en Mexico*, Mexico.

MICHMAN Dan, 2001, *Pour une historiographie de la Shoah. Conceptualisations, terminologie, définitions et problèmes fondamentaux*, traduit par N. Hansson, Paris, In Presse.

MYERS David N., 2003, *Resisting History. Historicism and its Discontents in German Jewish Thought*, Princeton-Oxford, Princeton University Press.

NADLER Steven, 1999, *Spinoza. A Life*, Cambridge, Cambridge University Press – 2003, *Spinoza. Une vie*, trad. Jean-François Sené, Paris, Bayard.

NIRENBERG David, 2001, *Violence et minorités au Moyen Âge*, Paris, PUF.

NOVAK Michael, 1972, *The Rise of the Unmeltable Ethnics. Politics and Culture in the Seventies*, New York, Macmillan.

NOVICK Peter, 2001, *L'Holocauste dans la vie américaine*, traduit par P.-E. Dauzat, Paris, Gallimard.

PIETERSE Wilhelmina, 1970, *Livro do Bet Haim do Kahal Kados de Bet Yahacob* (texte original, introduction, notes et index), Ch. Assen, Van Gorcum.

POPKIN Richard H., 1973, «The Marrano theology of Isaac La Peyrère», *Studi internazionali di filosofia*, V, p. 97-126;

—, 1987, *Isaac La Peyrère (1596-1676). His Life, Work and Influence*, Leyde.

RAZ-KRAKOTZKIN Amnon, 2007, «Jewish Memory between Exile and History», *The Jewish Quarterly Review*, 97, 4, p. 530-43.

RÉVAH Israel S., 1959, *Spinoza et le Dr Juan de Prado*, Paris et La Haye, Mouton.

RICŒUR Paul, 2000, *La Mémoire, l'histoire, l'oubli*, Paris, Seuil.

ROBERT Marthe, 1974, *D'Œdipe à Moïse*, Paris, Calmann-Lévy.

ROSENFELD Gabriel D., 2007, «A Flawed Prophecy? *Zakhor*, the Memory Boom, and the Holocaust», *The Jewish Quarterly Review*, 97, 4, p. 508-520.

SAID Edward, 2003, *Freud and the Non-European*, Londres, Verso/ Freud Museum.

SALA-MOLINS Louis (éd.), 1981, *Le Dictionnaire des Inquisiteurs* [1494], Paris, Galilée.

SCHNAPPER Dominique, 1980, *Juifs et Israélites*, Paris, Gallimard.

SCHOCHET Elijah J. et SPIRO Solomon, 2005, *Saul Lieberman. The Man and his Work*, New York, JTS Press.

SCHOEPS Julius H., 2009, *Das Erbe der Mendelssohns. Biographie einer Familie*, Francfort-sur-le-Main, Fischer.

SCHOLEM Gershom, 1964, «Eichmann in Jerusalem: Exchange of Letters between Gershom Scholem and Hannah Arendt», *Encounter* 22, p. 51-56.

SCHORSCH Ismar, 1994, *From Text to Context. The Turn to History in Modern Judaism*, Hanovre-Londres, Brandeis University Press.

SCHWARZFUCHS Simon, 1998, *Aux Prises avec Vichy. Histoire politique des Juifs de France, 1940-1944*, Paris, Calmann-Lévy.

SPINOZA Baruch, 1965, *Traité théologico-politique. Œuvres II*, Paris, GF Flammarion.

Stein Sygmunt, 2012, *Ma guerre d'Espagne. Brigades internationales : la fin d'un mythe (Der birger-krig in Shpanye. Zikhroynes fun a militsioner)*, traduit par M. Alexeeva-Antipov, Paris, Seuil.

Toledano-Attias Ruth, 2009, *L'Image des Juifs sépharades dans l'historiographie juive aux XIXe et XXe siècles*, Lille, ARNT, vol. I.

Trunk Isaiah, 1972, *Judenrat: The Jewish Councils in Eastern Europe under Nazi Occupation*, New York, Macmillan.

Wachtel Nathan, 2001, *La Foi du souvenir. Labyrinthes marranes*, Paris, Seuil.

—, 2007, « Théologies marranes. Une configuration millénariste », *Annales HSS*, janvier-février, p. 69-100.

—, 2009, *La Logique des bûchers*, Paris, Seuil.

—, 2011 (1), *Mémoires marranes. Itinéraires dans le « sertao » du Nordeste brésilien*, Paris, Seuil.

—, 2011 (2), « The "Marrano" Mercantilist Theory of Duarte Gomes Solis », *The Jewish Quarterly Review*, vol. 101, n° 2, p. 164-188.

Weill Nicolas, 1996, « Les *Judenräte*. Que pouvaient-ils savoir ? », *Les Cahiers de la Shoah*, n° 3, p. 129-151.

Weisz Max, 1929, *Bibliographie der Schriften Dr M. Kayserlings*, Budapest.

Wieviorka Annette, 1998, *L'Ère du témoin*, Paris, Plon.

Wilke Carsten L., 2003, « *Den Talmud und den Kant* », *Rabbinerausbildung an der Schwelle zur Moderne*, Hildesheim, Olms.

—, 2006, *Histoire des Juifs portugais*, Paris, Chandeigne.

—, 2009, dans Michael Brocke & Julius Carlebach (éd.), *Biographisches Handbuch der Rabbiner*, Berlin, Walter de Gruyter, vol. II, p. 521-522.

Yerushalmi Yosef Hayim [Y.H.Y.], 1966, « Baer's History, Translated and Revisited », *Conservative Judaism* 21, p. 73-82.

Y.H.Y., 1970, « The Inquisition and the Jews of France in the Time of Bernard Gui », *The Harvard Theological Review*, vol. 63, n° 3, p. 317-376.

Y.H.Y., 1971, *From Spanish Court to Italian Ghetto*, New York-Londres, Columbia University Press – 1981, 2ᵉ éd., Seattle-Londres, University of Washington Press.

Y.H.Y., 1972, «Anusim ha-hozerim la-yahadout ba me'ah ha-17; haskalatam ha-yehoudit ve-hakhcharatam ha-nafchit» (Le retour des convertis au judaïsme; leur connaissance du judaïsme et leur préparation spirituelle), *Proceedings of the Fifth World Congress of Jewish Studies*, vol. II, Jérusalem, p. 201-209.

Y.H.Y., 1975, *Haggadah and History. A Panorama in Facsimile of Five Centuries of the Printed Haggadah from the Collections of Harvard University and the Jewish Theological Seminary of America*, Philadelphie, JPS.

Y.H.Y., 1976, *The Lisbon Massacre of 1506 and the Royal Image in the Shebet Yehudah*, in *Hebrew Union College Annual Supplements*, n° 1, Cincinnati.

Y.H.Y., 1977, «Response to Rosemary Ruether», dans FLEISCHER Eva (éd.), *Auschwitz: Beginning of a New Era?* New York, Church of St. John the Divine, p. 97-107.

Y.H.Y., 1979, «Medieval Jewry: From Within and From Without», dans Paul E. SZARMACH (éd.), *Aspects of Jewish Culture in the Middle Ages: Papers of the Eighth Annual Conference of the Center for Medieval and Early Renaissance Studies, State University of New York at Binghamton, 3-5 May, 1974*, Albany, State University of New York Press, p. 1-26.

Y.H.Y., 1982 (1), «Assimilation and Racial Anti-Semitism: The Iberian and the German Models», in *Leo Baeck Memorial Lecture*, n° 26, New York.

Y.H.Y., 1982 (2), *Zakhor: Jewish History and Jewish Memory*, Seattle-Londres, University of Washington Press – 1989, New York, Schocken – 1996, 3ᵉ édition, University of Washington Press, Seattle-Londres.

Y.H.Y., 1983 (1), *Divrei Spinoza al kiyyoum ha-'am ha-yehoudi*, Jérusalem, The Israel Academy of Sciences and Humanities, vol. 6, n° 10, p. 171-213.

Y.H.Y., 1983 (2), *Zakhor. Storia ebraica e memoria ebraica*, Parme, Pratiche.

Y.H.Y., 1984, *Zakhor: Histoire juive et mémoire juive*, Paris, La Découverte – 1991, 2ᵉ éd., Paris, Gallimard.

Y.H.Y., 1986, « Un champ à Anathoth : vers une histoire de l'espoir juif », in *Mémoire et histoire*, J. HALPÉRIN et G. LÉVITTE (éd.), Paris, Denoël, p. 91-107.

Y.H.Y., 1987, *De la Cour d'Espagne au ghetto italien : Isaac Cardoso et le marranisme au XVIᵉ siècle*, trad. Alexis Nouss, Paris, Fayard.

Y.H.Y., 1988, « Réflexions sur l'oubli », dans *Usages de l'oubli*, Contributions de Yosef H. YERUSHALMI, Nicole LORAUX, Hans MOMMSEN, Jean-Claude MILNER, Gianni VATTIMO, Colloque de Royaumont, Paris, Seuil.

Y.H.Y., 1991 (1), « Persécution et préservation : une réponse juive à Rosemary Ruether », *Les Temps modernes*, n° 543, p. 112-125.

Y.H.Y., 1991 (2), « The Purloined Kiddush Cups : Reopening the Case on Freud's Jewish Identity », *Sigmund Freud's Jewish Heritage* (Catalogue de l'exposition de la collection de Judaica de Freud – Catalog of Jewish materials from the Freud Museum in London added to a traveling exhibition of Freud's art collection), SUNY, Binghamton, Musée de Freud, Londres.

Y.H.Y., 1991 (3), *Freud's Moses. Judaism Terminable and Interminable*, New Haven & Londres, Yale University Press.

Y.H.Y., 1993 (1), *Ein Feld in Anatot : Versuche zur jüdischen Geschichte*, Berlin, Wagenbach.

Y.H.Y., 1993 (2), *Le Moïse de Freud*, trad. par J. Carnaud, Paris, Gallimard.

Y.H.Y., 1995, *Diener von Königen und nicht Diener von Dienern (Servants of Kings and not Servants of Servants) : Einige Aspekte der politischen Geschichte der Juden*, Munich, Siemens Stiftung.

Y.H.Y., 1998, *Sefardica, Essais sur l'histoire des Juifs, des Marranes, et des Nouveaux Chrétiens d'origine hispano-portugaise*, trad. par C. Aslanoff, É. Vigne & J. Letrouit, Paris, Chandeigne.

Y.H.Y., 1999, *Spinoza und das Überleben des jüdischen Volkes*, Munich, Lehrstuhl für Jüdische Geschichte und Kultur, Inst. für Neuere Geschichte.

Y.H.Y., 2000, préface à Yitzhak F. Baer, *Galout*, p. 9-56.

Y.H.Y., 2002 (1), «Jüdische Historiographie und Postmodernismus. Eine abweichende Meinung», dans BRENNER Michael & MYERS David N. (éd.), *Jüdische Geschichtsschreibung heute, Themen, Positionen, Kontroversen. Ein Schloss Elmau-Symposion*, C. H. Beck, p. 75-94.

Y.H.Y., 2002 (2), «Serviteurs des rois et non serviteurs des serviteurs: sur quelques aspects de l'histoire politique des Juifs», *Raisons politiques*, n° 7, p. 19-52.

Y.H.Y., 2005, dans VOLKOV Shulamit & KAPLAN Yosef, «Entretien avec le professeur Yosef Hayim Yerushalmi» (en hébreu), *Historia*, 16, p. 5-19.

Y.H.Y., 2006, *Israel, der unerwartete Staat. Messianismus, Sektierertum und die zionistische Revolution (Israel, the Unexpected State. Jewish Messianism and the Zionist Revolution)*, Lucas-Preis, Tübingen, Mohr Siebeck.

Y.H.Y., 2011, *Serviteurs des rois et non serviteurs des serviteurs. Sur quelques aspects de l'histoire politique des Juifs*, Paris, Allia.

Y.H.Y., 2012, *Transmettre l'histoire juive. Entretiens avec Sylvie Anne Goldberg*, Paris, Albin Michel.

YUVAL Israel Jacob, 2012, *«Deux peuples en ton sein». Juifs et chrétiens au Moyen Âge*, traduit de l'hébreu par N. Weill, Paris, Albin Michel.

Publications de Yosef Hayim Yerushalmi

EN TANT QU'AUTEUR

From Spanish Court to Italian Ghetto, New York-Londres, Columbia University Press, 1971; 2ᵉ éd., Seattle-Londres, University of Washington Press, 1981.
  – en français: *De la Cour d'Espagne au ghetto Italien: Isaac Cardoso et le marranisme au XVIIᵉ siècle*, trad. Alexis Nouss, Paris, Fayard, 1987.
  – en espagnol: *Da la corte española al gueto italiano: marranismo y judaismo en la Espana del XVII: el caso Isaac Cardoso*, Madrid, Turner, 1989.
  – en italien: *Dalla corte al ghetto. La vita, le opere, le peregrinazioni del marrano Cardoso nell'Europa del Seicento*, Milan, Garzanti, 1991.
Haggadah and History, Philadelphie, Jewish Publication Society of America, 1975, second edition, 1997.
The Lisbon Massacre of 1506 and the Royal Image in the Shebet Yehudah, in *Hebrew Union College Annual Supplements*, n° 1, 1976.
The re-education of Marranos in the Seventeenth Century, The Rabbi Louis Feinberg Memorial Lecture in Judaic Studies 3, Cincinnati, Judaic Studies Program University of Cincinnati, 1980.

Assimilation and Racial Anti-Semitism: The Iberian and the German Models, The Leo Baeck Memorial Lecture, New York, 1982.
– en français : « L'antisémitisme racial est-il apparu au xxᵉ siècle ? », *Esprit*, 190,1993, p. 5-35.
Zakhor: Jewish History and Jewish Memory, Seattle-Londres, University of Washington Press, 1982 ; 2ᵉ éd., augmentée d'une préface de Harold Bloom et d'un PostScript « Reflections on Forgetting », New York, Schocken, 1989. 3ᵉ édition, University of Washington Press, Seattle-Londres, 1996.
– en français : *Zakhor: Histoire juive et mémoire juive*, Paris, La Découverte, 1984 ; 2ᵉ éd. Paris, Gallimard, 1991.
– en italien : *Zakhor: storia ebraica e memoria ebraica*, Parme, Pratiche Editriche, 1983.
– en hébreu : *Zakhor: Historia Yehoudit ve-Zikaron Yehoudi*, Tel Aviv, Am Oved, 1988.
– en allemand : *Zachor: Erinnere Dich! Jüdische Geschichte und jüdisches Gedächtnis*, Berlin, Wagenbach, 1988, 2ᵉ edition, 1996.
– en portugais : *Zakhor: História judaica e memória judaica*, São Paulo, Imago, 1992.
– en japonais : Tokyo, Shobun-sha, 1997.
– en hongrois : *Záchor*, Budapest, Osiris Kiadó, 2000.
– en espagnol : *Zajor*, Barcelone-Mexico, Anthropos, 2002.
– en russe : *Захор*, Moscou-Jérusalem, Gesharim, 2004.
Freud's Moses: Judaism Terminable and Interminable, New Haven et Londres, Yale University Press, 1991.
– en allemand : *Freuds Moses: Endliches und unendliches Judentum*, Berlin, Wagenbach, Francfort-sur-le- Main, 1992 ; Fischer, 1999.
– en français : *Le Moïse de Freud : Judaïsme terminable et inter-minable*, trad. par Jacqueline Carnaud, Paris, Gallimard, 1993.
– en portugais : *O Moisès de Freud : Judaísmo terminável e inter-min ável*, São Paulo, Imago, 1992.
– en italien : *Il Mosè di Freud : Giudaismo terminabile e inter-minabile*, Milan, Einaudi, 1995.

– en hébreu: *Massa chel Freud. Yahadout sofit ve-einsofit*, trad. par Dan Daor, Jérusalem, Shalem, 2006.

Ein Feld in Anatot: Versuche zur jüdischen Geschichte, Berlin, Wagenbach, 1993.

Diener von Königen und nicht Diener von Dienern: Einige Aspekte der politischen Geschichte der Juden, Munich, Siemens Stiftung, 1995.

Sefardica: Essais sur l'histoire des Juifs, des Marranes, et des Nouveaux Chrétiens d'origine hispano-portugaise, trad. par Cyril Aslanoff, Éric Vigne & Jean Letrouit, Paris, Chandeigne, 1998.

Israel, der unerwartete Staat. Messianismus, Sektierertum und die zionistische Revolution, Lucas-Preis, Tübingen, Mohr Siebeck, 2006.

Serviteurs des rois et non serviteurs des serviteurs: sur quelques aspects de l'histoire politique des Juifs, traduit par Éric Vigne, Paris, Allia, 2011.

En tant qu'éditeur

M. Kayserling, *Biblioteca Española-Portugueza-Judaica*, edited with a Prolegomenon and Annotated List of Ibero-Jewish Bibliographies by Y. H. Yerushalmi, New York, Ktav, 1971.

Alexandre Herculano, *History of the Origin and Establishment of the Inquisition in Portugal*, edited with a Prolegomenon by Y. H. Yerushalmi, New York, Ktav, 1972.

Préfaces, Introductions

Introduction, *The Jewish People and Palestine: A Bibliophilic Pilgrimage through Five Centuries*, ed. C. Berlin, Cambridge, Mass., Harvard University Library, 1973, p. 1-15.

Introduction, *Bibliographical Essays in Medieval Jewish Studies*, New York, Ktav, 1976, p. 1-14.

A Jewish Classic in the Portuguese Language: Samuel Usque's 'Consolaçam ás tribulaçoens de Israel' [Introduction au facsimile de la première édition, publiée en collaboration avec José V. de Pina Martins], Lisbonne, Fundação Calouste Gulbenkian, 1989.

Préface, *Les Deux rives du Yabbok: la maladie et la mort dans le judaïsme ashkénaze, Prague XVIe-XIXe siècle*, Sylvie Anne Goldberg, Paris, Éd. du Cerf, 1989.

« The Purloined Kiddush Cups: Reopening The Case on Freud's Jewish Identity », *Sigmund Freud's Jewish Heritage* (Catalogue de l'exposition de la collection de Judaica de Freud – Catalog of Jewish materials from the Freud Museum in London added to a traveling exhibition of Freud's art collection), SUNY, Binghamton, Freud Museum, Londres, 1991.

« Le temps, la peur, la mémoire », *Marranes*, photographies de Fréderic Brenner, texte de Nicole Zand, Paris, La Différence, 1992, p. 17-44.

« Sur Baer et Galout », *Galout: l'imaginaire de l'exil dans le judaïsme*, Yitzhak F. Baer, Paris, Calmann-Lévy, 2000, p. 9-56.

ARTICLES, CHAPITRES, RECENSIONS

« Baer's History, Translated and Revisited », *Conservative Judaism* 21, 1966, p. 73-82.

« The Inquisition and the Jews of France in the Time of Bernard Gui », *Harvard Theological Review* LXIII (1970), p. 317-376.

« Privilegos del poderozo rey Karlo (1740): A Neapolitan Call for the Return of the Jews, and Its Ladino Translation », *Studies in Jewish Bibliography, History and Literature in Honor of I. Edward Kiev*, New York, 1971, p. 517-541.

« Anusim ha-hozerim la-yahadout ba me'ah ha-17; haskalatam ha-yehoudit ve-hakhcharatam ha-nafchit » (Le retour des convertis au judaïsme; leur connaissance du judaïsme et leur préparation spitituelle), *Proceedings of the Fifth World Congress of Jewish Studies*, II, Jérusalem, 1972, p. 201-209.

«The Sephardi Heritage» (recension), R. D. Barnett (éd.), *Speculum*, XLVIII (1973), p; 730-733.

«Actas del primer simposio de estudios sefardíes» (recension), *American Jewish Historical Quarterly* LXII (1973), p. 180-189.

«Professing Jews in Post-Expulsion Spain and Portugal», *Salo W. Baron Jubilee Volume*, II, New York-Londres, 1974, p. 1023-1058.

«Response to Rosemary Ruether», *Auschwitz: Beginning of a New Era?*, Eva Fleischer (éd.), New York, Cathedral Church of St. John the Divine, 1977, p. 97-107.
  – en français: «Persécution et préservation: une réponse juive à Rosemary Ruether», *Les Temps modernes*, 47, 1991, p. 112-125.

«Sephardic Jewry between Cross and Crescent», *Harvard University Center for Jewish Studies*, 1979.
  - en français: «Le judaïsme sépharade entre la Croix et le Croissant», D. Banon (éd.), *Inquisition et pérennité*, Paris, Éd. du Cerf, 1992, p. 25-39.

«Medieval Jewry: From Within and From Without», Paul E. Szarmach (éd.), *Aspects of Jewish Culture in the Middle Ages*, Albany, State University of New York Press, 1979, p. 1-26.

«Clio and the Jews: Reflections on Jewish Historiography in the Sixteenth Century», *Proceedings of the American Academy for Jewish Research* (Jubilee Volume), XLVI-XLVII (1979-80), p. 607-638.
  – en français: «Clio et les Juifs. Réflexions sur l'historiographie juive au xviᵉ siècle», in *Transmettre l'histoire juive. Entretiens avec Sylvie Anne Goldberg*, Paris, Albin Michel, 2012, p. 255-299.

«Spinoza on the Survival of the Jews» (en hébreu), *Proceedings of the Israel Academy of Sciences*, VI, 1983, p. 171-213.
  – en allemand: *Spinoza und das Überleben des jüdischen Volkes. Mit einem Anhang Spanien und das Spanische in Spinozas Bibliothek*; trad. par Markus Lemke, Munich, Lehrstuhl

für Jüdische Geschichte und Kultur, Institut für Neuere Geschichte Ludwig-Maximilians-Universität, 2000.

«Between Amsterdam and New Amsterdam: The Place of Curaçao and the Caribbean in Early Modern Jewish History», *American Jewish History*, LXXII, 1982, p. 172-192.

«Messianic Impulses in Joseph Ha-Kohen», Bernard Dov Cooperman (éd.), *Jewish Thought in the Sixteenth Century*, Cambridge, 1983, p. 460-487.

«The Vernacular Literatures of the Sephardic Jews: Castilian, Portuguese and Ladino» (en hébreu), Zvi Ankori (éd.), *Yehoudei Yavan le-dorotam*, Tel-Aviv, 1984.

«Vers une histoire de l'espoir juif», *Esprit*, n° 104-105, 1985, p. 24-38.

«Un champ à Anathoth. Vers une histoire de l'espoir juif», dans *Mémoire et histoire*, J. Halpérin & G. Lévitte (éd.), Paris, Denoël, 1986, p. 91-107.

«Réflexions sur l'oubli», *Usages de l'oubli*, Paris, Seuil, 1988, p. 7-21.

«Freud on the Historical Novel: From the Manuscript Draft (1934) of *Moses and Monotheism*», *International Journal of Psycho-Analysis*, 70, 1989, p. 375-395.

«The Moses of Freud and The Moses of Schoenberg: On Words, Idolatry, and Psychoanalysis» [41st Freud Anniversary Lecture, The New York Psychoanalytic Institute], *The Psychoanalytic Study of the Child*, 47, 1992, p. 1-20.

– en français: «Le Moïse de Freud et le Moïse de Schönberg», *Le Débat*, n° 73, 1993, p. 39-55.

– en italien: «Il Mosè di Freud e il Mosè di Schönberg», *MicroMega*, 2/93, 1993, p. 143-160.

«Series Z: An Archival Fantasy», *Journal of European Psychoanalysis*, n° 3-4, Spring 1996-Winter 1997, p. 21-31.

– en français: «Série Z: Une fantaisie archivistique», *Le Débat*, n° 92, 1996, p. 141-152.

– en allemand: «Serie Z: Eine Archiv-Phantasie», *Psyche*, Jahrgang 1996, Heft 12, p. 1086-1101.

The Correspondence of Walter Benjamin, 1910-1940 (recension), *The New York Times Book Review*, July 31, 1994, p. 13-14.

«Exile and Expulsion in Jewish History», Benjamin R. Gampel (éd.), *Crisis and Creativity in the Sephardic World 1391-1648*, New York, Columbia University Press, 1997, p. 3-22.
– en français: «Exil et expulsion dans l'histoire juive», Bertrand Badie et Yves Déloye (éd.), *Le Temps de l'État. Mélanges en l'honneur de Pierre Birnbaum*, Paris, Fayard, 2007, p. 91-110.

«Élégie», *Shelomo Dov Goitein 1900-1985*, Princeton, NJ, *The Institute for Advanced Study*, 1985, p. 21-32.

«Jüdisches Denken und die neue Philosophie: Isaac Cardoso», Friedrich Ueberweg (éd.), *Grundriss der Geschichte der Philosophie: Die Philosophie des 17. Jahrhunderts*, Bd. I, Jean-Pierre Schobinger (éd.), *Allgemeine Themen, Iberische Halbinsel, Italien*, Bâle-Stuttgart, 1998, p. 421-423.

«Jüdische Historiographie und Post-modernismus; eine abweichende Meinung», *Jüdische Geschichtsschreibung heute; Themen, Positionen, Kontroversen; ein Schloss Elmau-Symposion*, Michael Brenner et David N. Myers (éd.), Munich, C.H. Beck, 2002, p. 75-94.

HOMMAGES

Jewish History and Jewish Memory: Essays in Honor of Yosef Hayim Yerushalmi, Elisheva Carlebach, John M. Efron, David N. Myers (éd.), Hanover (N.H.), Brandeis University Press, University Press of New England, 1998.

«Recalling *Zakhor*: A Quarter-Century's Perspective», *Jewish Quarterly Review*, volume 97, n° 4, Fall 2007.

«Yerushalmi, historien de la mémoire et de l'oubli», *Critique*, 2010, décembre 2010.

Table des auteurs

Dominique Bourel est directeur de recherche au CNRS, ancien directeur du Centre de recherche français de Jérusalem (1996-2004), spécialiste d'histoire juive allemande : il a notamment publié *Moses Mendelssohn, la naissance du judaïsme moderne* (2004).

Michael Brenner, professeur d'histoire et de culture juive à l'Université Ludwig-Maximilians, Munich, est spécialiste de l'histoire des Juifs en Allemagne ; il a notamment publié *Prophets of the Past, Interpreters of Jewish History* [2006], 2010.

Anna Foa, professeure d'histoire moderne à l'Université La Sapienza, Rome, est spécialiste de l'histoire des Juifs en Italie ; elle a notamment publié *The Jews of Europe after the Black Death* [1992], 2000.

Sylvie Anne Goldberg est directrice d'études à l'École des Hautes Études en Sciences Sociales, historienne des mondes juifs traditionnels, elle a notamment publié des ouvrages sur les attitudes juives devant la mort (1989) et sur la temporalité (2000 ; 2004).

Nancy L. Green, directrice d'études à l'École des Hautes Études en Sciences Sociales, spécialiste de l'histoire comparée des migrations contemporaines, a notamment publié *Du Sentier à la 7e Avenue : La Confection et les immigrés, Paris-New York 1880-1980* (1998), *Repenser les migrations* (2002)

Yosef Kaplan est Bernard Cherrick Professeur d'Histoire du peuple juif à l'Université hébraïque de Jérusalem. Président du World Union of Jewish Studies et membre de l'Académie israélienne des Sciences et des Humanités Il a beaucoup publié sur l'histoire du judaïsme séfarade et marrane, notamment *Les Nouveaux-Juifs d'Amsterdam. Essais sur l'histoire sociale et intellectuelle du judaïsme séfarade au XVII° siècle* (1999).

Maurice Kriegel est directeur d'études à l'École des Hautes Études en Sciences Sociales, il a enseigné l'histoire médiévale à l'Université de Haïfa (Israël) de 1980 à 1995. Historien du judaïsme espagnol, il est l'auteur de *Les Juifs à la fin du Moyen Âge dans l'Europe méditerranéenne* (1979) et a dirigé le *Cahier de l'Herne Gershom Scholem* (2009).

Michael Molnar a été archiviste et chercheur au Freud Museum de Londres (1986-2003), puis directeur (2003-2009). Ses travaux sur la biographie de Freud et l'histoire de la psychanalyse ont été publiés dans *Psychoanalysis and History*, et *Luzifer-Amor*. Il a également traduit, annoté et édité les dernières années du journal de Freud : *Chronique la plus brève : Carnets intimes, 1929-1939* (1992).

Pierre Nora, historien, maître d'œuvre des *Lieux de mémoire* (Paris, Gallimard, 1984-1992), est éditeur et directeur d'études à l'École des Hautes Études en Sciences Sociales.

Marina Rustow est maître de conférence en histoire (Charlotte Bloomberg Professorship in the Humanities) à l'Université Johns Hopkins à Baltimore. Ses recherches portent sur l'histoire sociale médiévale du Moyen-Orient et la Geniza du Caire. Elle a notamment publié *Heresy and the Politics of Community : The Jews of the Fatimid Caliphate* (2008).

Éric Vigne a été l'éditeur et, pour certains ouvrages et articles, le traducteur de Yosef Yerushalmi.

Nathan Wachtel, directeur d'études à l'École des Hautes Études en Sciences Sociales, professeur au Collège de France (chaire d'Histoire et anthropologie des sociétés méso- et sud-américaines), a notamment publié une trilogie sur l'histoire des marranes : *La Foi du souvenir-Labyrinthes marranes* (2001) ; *La Logique des bûchers* (2009) ; *Mémoires marranes* (2011).

Nicolas Weill est journaliste au *Monde*, auteur d'essais consacrés à l'histoire de l'antisémitisme, il a notamment coordonné un dossier consacré à Yosef Hayim Yerushalmi publié par la revue *Critique* n° 763 (2011), et traduit l'ouvrage d'Israel Yuval, *Deux peuples en ton sein. Juifs et chrétiens au Moyen Âge* (2012).

Table

II.
LES RÉCEPTIONS

III.
LES RENCONTRES INTELLECTUELLES

Impression CPI Bussière en août 2012
à Saint-Amand-Montrond (Cher)
Éditions Albin Michel
22, rue Huyghens, 75014 Paris
www.albin-michel.fr
ISBN : 978-2-226-20906-1
ISSN : 1158-4572
N° d'édition : 20071/01. – N° d'impression : 122547/4.
Dépôt légal : septembre 2012.
Imprimé en France.